Hans-Georg Bach • Was hast du für feine Anzug an!

Hans-Georg Bach

Was hast du für feine Anzug an!

Erinnerungen eines Kölner Jungen

FRIELING

Die Deutsche Bibliothek – CIP-Einheitsaufnahme
Bach, Hans-Georg:
Was hast du für feine Anzug an! : Erinnerungen eines Kölner Jungen / Hans-Georg Bach. –
Orig.-Ausg., 1. Aufl. – Berlin : Frieling, 1998
ISBN 3-8280-0685-X

© Frieling & Partner GmbH Berlin
Hünefeldzeile 18, D-12247 Berlin-Steglitz
Telefon: 0 30 / 76 69 99-0

ISBN 3-8280-0685-X
1. Auflage 1998
Umschlaggestaltung: Graphiti
Sämtliche Rechte vorbehalten
Printed in Germany

Inhaltsverzeichnis

Kindheitserinnerungen
   an die Jahre vor dem Krieg 7

Der Beginn des Zweiten Weltkrieges 16

Evakuierung aus Köln 45

Kriegsende und die Monate danach 54

Die Rückkehr nach Köln 59

Nach langer Odyssee Ankunft in Köln 63

Die schlechte Versorgungslage in Köln 69

Freizeitbeschäftigung und Schule 77

Die Währungsreform und ein
   neuer Zeitabschnitt 88

Nachwort 94

Kindheitserinnerungen an die Jahre vor dem Krieg

Im Jahre 1934 wurde ich in Köln, im Stadtteil Lindenthal, geboren.

Mit meinen Eltern wohnte ich danach in einem nördlichen Vorort von Köln, der bis zu seiner Eingemeindung am Ende des vorigen Jahrhunderts ein altes Fischerdorf war und urkundlich bereits im Jahre 927 erwähnt worden ist.

Dieser Vorort heißt Niehl.

Ein besonderes Wahrzeichen ist hier die alte Kirche, deren Erbauung bis auf das Ende des vorigen Jahrtausends zurückgeht.

Diese dem heiligen Sebastian geweihte Kirche steht heute unter Denkmalschutz und gehört zu den „kleinen" romanischen Kirchen Kölns.

Mit der Ausbaggerung eines Hafens im Jahre 1925 und der Errichtung eines Werkes für die Herstellung von Automobilen durch den großen amerikanischen Automobilkönig Henry Ford wurde dieser Stadtteil nach und nach ein großer Industrievorort von Köln.

Bis zu Beginn des Krieges verlebte ich eine schöne Kindheit.

Das Leben in unserem Ort war stets mit dem Rhein verbunden.

Auch so für uns Kinder.

Mit meinen Eltern fuhr ich oft sonntags nachmittags mit einem Fährboot auf die andere Rheinseite, um am dortigen Kiessandstrand zu baden.

Betreiber dieser Fähre war die Familie Bilstein aus Niehl.

Von den Niehlern wurde der Fährmann „Utze Fritz" genannt.

Das Schwimmen im Rhein war nicht immer ungefährlich.

In den Krippen bildeten sich oft Wasserstrudel, die manchem wagemutigen Schwimmer zum Verhängnis wurden.

Durch die Tücken des Stromes sind leider auch manche Schwimmer ertrunken, die ich persönlich kannte.

Einige Waghalsige schwammen von der Ortsseite aus an vorbeifahrende Schleppkähne und Raddampfer.

Im Nachbarhaus wohnten die Zwillinge Heidi und Dieter Ries, die fast in meinem Alter waren und mit denen ich gut befreundet war.

Sie hatten schöne Spielsachen und bereits ein eigenes Spielzimmer.

Weil Dieter mein bester Freund war, spielte ich fast täglich bei ihm.

Leider war er von Geburt aus etwas körperbehindert.

Er hatte einen kleinen Klumpfuß.

Heinz Klein war auch mein Freund.

Er wohnte uns gegenüber.

Wenn ich mit Dieter spielte, sagte er oft eifersüchtig zu mir: „Spielst du wieder mit dem Krumm."

Die Eltern von Heidi und Dieter waren sehr liebenswürdig.

Beide hatten einen Führerschein.

Sie besaßen damals bereits einen Personen-Kraftwagen, Marke Ford-Eifel.

Die Mutter der Vorgenannten brachte uns mit diesem PKW öfters zum Kindergarten.

Nachmittags machte sie mit uns hin und wieder kleinere Ausflüge in der näheren Umgebung mit dem Fahrzeug.

Ab 1936 war auch meine Halbschwester Loni mit in unserem Haushalt.

Sie war ein uneheliches Kind meiner Mutter und kam 1922 aus einer Liaison, die meine Mutter mit einem Knecht auf dem Bauernhof meiner Großeltern hatte, zur Welt.

Weil dieser Knecht bei der Ablieferung von Milch Unterschlagungen gemacht hatte, verbot mein Großvater damals eine Heirat zwischen den beiden.

Loni wuchs bis zu ihrem 14. Lebensjahr mit den jüngeren Geschwistern meiner Mutter bei meinen Großeltern in Saarlouis auf.

Mit dem Einverständnis meines Vaters nahm meine Mutter Loni dann nach Köln, wo sie in einem Seifengeschäft in Köln-Merheim, linksrheinisch (heute Weidenpesch) eine Lehre als Verkäuferin absolvierte.

In unserem Hause wohnte im Parterre mein Vetter Georg Hornung.

Dieser war über drei Jahre älter als ich.

Auch er brachte seine Freunde mit, und wir spielten dann gemeinsam auf der kleinen Wiese, die für das Trocknen der Wäsche gedacht war, hinter unserem Wohnhaus.

Meist mit Soldatenfiguren und einer aus Holz gebastelten Ritterburg.

Im Sommer machten meine Eltern, andere Verwandte und ich sonntags öfters Ausflüge zu dem damals beliebten Kölner Ausflugsziel, dem Königsforst.

Mit der sogenannten „weißen Bahn" – einer modern gebauten Straßenbahn – fuhren wir ab dem Adolf-Hitler-Platz, heute Ebertplatz, bis Königsforst.

Dort wurde im Wald eine Decke ausgebreitet, und wir machten Picknick.

Manchmal fuhren auch weitere Verwandte mit.

Bei diesen Ausflügen gab es immer viel Spaß, und alle hatten immer gute Laune.

Vor der Nachhausefahrt kehrte man noch einmal in einem Wirtshaus ein, und für uns Kinder gab es hier noch einmal eine Limo, manchmal auch Süßigkeiten.

Es kam Weihnachten 1938.

Die Bescherung erfolgte bei uns zu dieser Zeit immer morgens.

Weil ich die ganze Nacht nicht schlafen konnte und immer darüber nachdachte, was das Christkind mir wohl bringen würde, schlich ich mich schon recht früh am Morgen in das Wohnzimmer.

Meine Eltern schliefen noch.

In unserem Wohnzimmer, wo die Weihnachtsbescherung stattfand, war ein Kohleofen.

Dieser hatte einen kleinen Lichtschacht, so daß die Flammen das Zimmer etwas erhellten.

Ich sah nun den reichlich geschmückten Weihnachtsbaum, die Krippe, die mit Gebäck, Schokolade usw. gefüllten Teller und das Spielzeug.

Das Hauptgeschenk war eine Spielzeug-Eisenbahn mit einigen Waggons und Schienen.

Die Lokomotive konnte dadurch in Betrieb gesetzt werden, daß man die eingebaute Stahlfeder aufdrehte.

Oh, wie glücklich war ich an diesem Tag.

Georg und ich bekamen zu Weihnachten immer fast die gleichen Spielsachen.

Einmal bekamen wir beide einen schönen Tretroller.

Ein andermal einen Traktor, dessen Feder aufgedreht werden mußte.

Beim Fahren spuckte er durch einen eingebauten Stein Feuer.

Daß wir fast immer die gleichen Weihnachtsgeschenke bekamen, rührt daher, weil Georgs Mutter und meine Mutter zusammen unsere Weihnachtsgeschenke einkaufen gingen.

Selbstverständlich wurde in unserer Familie Karneval gefeiert.

Meine Mutter schneiderte hierfür die entsprechenden Kostüme.

Überwiegend aus alten Stoffresten.

Übrigens war die Singer-Nähmaschine, die durch einen Treibriemen per Fußpedal in Betrieb gesetzt wurde, ein wichtiges Utensil im Haushalt meiner Mutter.

Hiermit nähte und reparierte sie für uns viele Kleidungsstücke.

Zum Karneval 1939 hatte mir meine Mutter ein Kostüm als Holländer geschneidert.

Mein im gleichen Haus wohnender Vetter Georg war als Mexikaner verkleidet.

Auf dem Hof unseres Hauses machte meine Mutter mit der Rollfilm-Kamera (Marke Agfa-Billy) ein Gruppenbild mit allen Karnevalsjecken.

Mit meinem Kostüm ging ich dann mit meinem Vater in der Stadt den Rosenmontagszug anschauen.

Wir standen an der Hahnenstraße.

Als der Zug dort vorbeikam, war ich über jedes Bonbon („Kamell"), das ich schnappte, glücklich.

Im Zug waren schöne Festwagen zu sehen, die von Pferden gezogen wurden.

In ihren bunten Uniformen waren auch die Traditionscorps von bekannten Kölner Karnevalsgesellschaften, wie die Roten Funken, die Blauen Funken, die Altstädter, das Reitercorps Jan-von-Werth usw., zu sehen.

Vor dem Festwagen des Kölner Bauers und der Kölner Jungfrau maschierten in ihren historischen grün-gelben Uniformen Männer der Ehrengarde der Stadt Köln.

Endlich kam dann der Prinz.

Vor seinem Festwagen maschierte die Prinzengarde.

Er warf besonders viele „Kamellen" und Sträußchen.

Beim Bücken nach den hier von den Zugbeteiligten geworfenen „Kamellen" mußte man bei dem großen Gedränge der Leute aufpassen, nicht von den Pferden getreten zu werden.

Bei den Zuschauern herrschte große Stimmung.

Zogen die Musikkapellen vorbei, dann schaukelten und sangen die am Wegesrand stehenden Zuschauer.

Alle waren lustig.

Der schöne Kölner Rosenmontagszug gab ein farbenprächtiges Bild her.

Nach dem Zug nahm mich mein Vater mit in seine Stammkneipe.

Diese war auf dem Eigelstein, direkt im Bereich des Kölner Hauptbahnhofes.

Der Inhaber dieser Gaststätte war Karl Schaaf.

In dieser Gaststätte, die auch öfters sonntags morgens von meinem Großvater, meinem Onkel und meinem Vater zum Frühschoppen besucht wurde, trank mein Vater sein Bier, und ich bekam mein „Apfelblümchen" (Limonade).

Als wir dann nach Hause kamen, wurde innerhalb der Familie, eine Vielzahl von Personen, weitergefeiert.

Onkel Willi ergriff seine Ziehharmonika, und alle sangen mit kräftiger Stimme die schönen Karnevalsmelodien von Willi Ostermann.

Der Bruder meines Vaters, Onkel Peter, hatte auf einem Pappdeckel Verschiedenes aufgezeichnet, welches eine mehrfache Bedeutung hatte.

Er war der Vorsänger, und die ganze Gesellschaft sang danach in bekannten Melodien den Refrain.

Für das leibliche Wohl war mit belegten Brötchen sowie mit Kartoffelsalat und heißen Würstchen vorgesorgt.

Es wurde Bier getrunken, das wir Kinder in der Niehler Gaststätte Nettesheim holten.

Dort wurde das Bier in einen mitgebrachten großen Tonkrug oder in den von der Gaststätte ausgeliehenen Biersiphon eingefüllt.

Es blieb hier nicht nur beim Verzehr von Bier.

Zwischendurch wurden auch Schnäpse gereicht, meistens einfacher „Fuhrmannskorn".

Bei dieser Feier sowie bei allen Namenstags- und Geburtstagsfeiern innerhalb der Familie ging es sehr lustig und laut zu, so daß die Nachbarn später sagten, bei Bachs wurde wieder kräftig gefeiert.

Wir hatten auch einen schönen Gemüsegarten, der ausschließlich von meiner Mutter bebaut wurde.

Dort wuchs allerlei Gemüse, wie Spinat, Mangold, Rotkohl, Bohnen.

Auch einige Reihen von Kartoffeln waren angepflanzt.

Es gab Tomaten- und Beerensträuche.

Für die Winterversorgung hatte meine Mutter immer viel Obst eingeweckt.

In einem großen Steinguttopf wurden saure Schnittbohnen eingemacht.

In einem abgegrenzten Teil des Garten wurden Hühner gehalten, so daß wir täglich frische Eier hatten.

Später kamen noch Gänse und Kaninchen dazu.

Am 18. April 1939 kam mein Bruder Alfred zur Welt.

Ein Lebensmittelhändler in unserem Ort mit Namen Peter Schumacher, der auch einen Mietwagen besaß, brachte meine Mutter in Begleitung von Tante Käthe, auch „Täntchen" genannt, in das St.-Vincenz-Krankenhaus zur Entbindung.

Weil hier Eile geboten war, hatte sich dieser nur einen Bademantel übergezogen und fuhr so in das genannte Krankenhaus, wo meine Mutter sofort meinen Bruder Alfred gebar.

Meine vorerwähnte Tante, die heute noch lebt und 93 Jahre alt und für ihr Alter relativ gesund ist, hat mir oft erzählt, daß sie im Krankenhaus auf dem Weg zur Entbindung meiner Mutter gesagt habe, daß sie noch einhalten solle, bis der Kreißsaal erreicht sei.

Weil es im April in der Nacht noch sehr kalt sein kann, hatte sich Herr Schumacher bei der genannten Krankenhausfahrt eine starke Erkältung zugezogen.

Als meine Mutter nach der Entbindung aus dem Vincenz-Krankenhaus mit dem Baby nach Hause kam, drehte sich nunmehr alles um den Neugeborenen, sehr zu meinem Ärger.

Ich war nunmehr für eine Weile abgemeldet.

Zu Hause war meine Mutter damit beschäftigt, die verschmutzten Windeln des Babys zu waschen.

Sie kochte Milchbrei und Spinat für den Kleinen.

Sie hatte – nicht wie vorher – nur noch wenig Zeit für mich.

Manchmal bat ich meinen Vater um zehn Pfennige für einen Bienenstich (Teilchen), den ich mir dann in der Bäckerei Lang kaufte.

Herr Lang war auch Imker und hatte seine Bienenstöcke in Köln-Fühlingen.

Sein gebackener Bienenstich schmeckte vorzüglich.

Im Laden bediente oft seine Tochter Käthe, die gehbehindert war und sich mit dem Rechnen etwas schwertat.

Leider wurde sie bei der Abrechnung schon einmal übers Ohr gehauen.

In unserer Straße waren auch noch einige Feldstücke.

Auf dem Grundstück des Besitzers Feustel hatten einige größere Jungen, damals schon 13 bis 14 Jahre, die Bühne für ein Hänneschen-Theater gezimmert.

Gegen ein Eintrittsgeld von einem Pfennig durften wir dann zuschauen.

Der Beginn des Zweiten Weltkrieges

Im August/September 1939 nahm mich meine Halbschwester Loni mit zu den Großeltern nach Saarlautern (heute Saarlouis).

Dort wurde am letzten Sonntag im August immer die Ludwigs-Kirmes gefeiert.

Meine Eltern konnten wegen meinem Bruder Alfred nicht mitfahren.

Diese Kirmes wurde im Hause meiner Großeltern immer groß gefeiert.

Meine Großmutter backte hierfür eine Anzahl von schönen Kuchen.

Die weiteren erwachsenen neun Kinder meiner Großeltern, teilweise schon mit Ehemännern und -frauen, waren zum Kaffee und Abendessen anwesend.

Mit den gleichaltrigen Kusinen und Vettern spielte ich.

Die jüngeren Brüder meiner Mutter nahmen uns mit auf den Kirmesplatz und spendierten uns eine Fahrt auf dem Karussell oder gaben uns Geld für die Schiffschaukel.

Am 1. September 1939 brach der Krieg gegen Polen aus.

Im Nachbarhaus wohnte Günter Rheinfeld, der so alt war wie mein Bruder Alfred.

Dessen Vater war als Soldat beim Einmarsch der deutschen Truppen in Polen beteiligt und gleich in den ersten Kriegstagen gefallen.

Frankreich und England waren am 3. September 1939 in den Krieg eingetreten.

Aus diesem Grunde wurde der größte Teil der Zivilbevölkerung des Saarlandes evakuiert.

Meine Großeltern kamen zu meinen Eltern nach Köln.

In der etwa 70 Quadratmeter großen Wohnung lebten dann meine Eltern, mein Bruder Alfred und ich, meine Schwester Loni, mein Großvater (väterlicherseits) sowie meine Großeltern aus dem Saargebiet.

Wegen des engen Zusammenseins in dieser Wohnung kam es hin und wieder zu Spannungen unter den einzelnen Bewohnern.

Nach einigen Wochen bezogen meine Großeltern eine eigene Wohnung in Niehl.

Dort verblieben sie bis zur Rückkehr in ihre Heimat im Juli 1940.

Am 1.7.1940 hatte Frankreich kapituliert, und der Krieg war hier zu Ende.

In vielen Wohnhäusern konnte man Tüten mit Sand, Feuerpatschen und manchmal auch eine Wasserspritze sehen.

Sie sollten bei den zu befürchtenden Brandbomben-Angriffen eingesetzt werden.

Die Schuljugend sammelte jetzt auch Altpapier, was gegen Bezahlung bei Rohprodukthändlern abgegeben wurde.

In der Niehler Gaststätte Schödder (ehemals: Niehler Ballhaus) wurden die ersten Fett- und Lebensmittelkarten ausgegeben.

Alle Lebensmittel, Bekleidungsstücke und Schuhwaren waren ab diesem Tage bewirtschaftet.

Ende September 1939 waren die ersten polnischen Kriegsgefangenen zwecks Arbeitsleistung in der Industrie eingetroffen.

In der Nähe der Ford-Werke wurden sie in Baracken untergebracht und von deutschen Soldaten bewacht.

Alle Privat-Kraftfahrzeuge wurden nunmehr für die deutsche Wehrmacht eingezogen.

So auch der Ford-Eifel-PKW meiner Nachbarn, der Familie Ries.

Die schönen Autofahrten, die ich bis dahin mit der Familie Ries unternehmen konnte, waren nun leider vorbei.

Kurz vor meiner Einschulung im April 1940, etwa Februar/März 1940, wurden in unserem Ort Soldaten einquartiert.

Auf dem Schießplatz der St.-Sebastianus-Schützenbruderschaft war die Feldküche.

Wir Kinder waren neugierig und beobachteten hier, wie die übliche Essensausgabe an die Soldaten erfolgte.

Der Geruch aus der „Gulaschkonone" machte uns auch manchmal hungrig.

Nach dem Besuch des staatlichen Kindergartens wurde ich im April 1940 eingeschult.

Obwohl ich den amtlichen Stichtag für die Einschulung nicht erreichte, hatte der damalige Schulleiter bei der Vorstellung in der Schule zu meiner Mutter gesagt: „Der Junge ist kräftig genug und hat wohl auch die Reife, eingeschult zu werden, selbst wenn er noch keine volle sechs Jahre alt ist."

Es war das erste Kriegsjahr.

Meine erste Lehrerin war Fräulein Dresen.

Sie war schon lange an der Schule tätig.

Da zu dieser Zeit auch schon manche Artikel knapp wurden, hatte mein Großvater als Schuhmachermeister mir einen schönen Lederschulranzen angefertigt.

Mein erstes Lesebuch war die „Sonnenfibel", das in der deutschen Schreibschrift, auch Sütterlin-Schrift genannt, gedruckt war.

In dieser Schriftart lernten wir auch zuerst schreiben.

Nachmittags wurden auf einer Schiefertafel mit einem Schiefergriffel die Hausaufgaben geschrieben, und wenn diese nicht ordentlich sowie unleserlich waren, nahm meine Mutter einen feuchten Lappen und wischte sie wieder aus.

In der Schule hatte man inzwischen auch Freunde und Spielkameraden gewonnen.

Weil es damals wenig Autoverkehr gab, spielten wir oft auf der Straße.

Die Mädchen malten mit Kreide große Kästen auf den Straßenbelag, und nach bestimmten Spielregeln hüpften sie darin.

Wir Jungen durften hierbei auch manchmal mitspielen.

Ein trauriger Anlaß war für uns, daß ein Klassenkamerad beim Überqueren einer Straße in der Nähe des Rheins von einem Personenkraftwagen erfaßt wurde und hierbei tödlich verunglückte.

Auf dem ehemaligen Exerzierplatz, im Bereich der Schmidding-Werke und vor den Ford-Werken, war eine Flakbatterie zu besichtigen, die demonstrierte, wie man auf bestimmte Ziele am Erdboden schießen konnte.

Auch wir Kinder liefen aus Neugierde dorthin.

Ein Schulfreund von mir besaß die beiden reich illustrierten Bücher „Soldaten, Kameraden" und „O welche Lust, Soldat zu sein!". In diesen Büchern war das Soldatsein sehr verherrlicht und schon für Kinder zugänglich gemacht.

Mit Freunden spielte ich oft auf der kleinen Rasenfläche in unserem Garten.

Mein bester Freund war Willi Ziskoven.

Er war der Größte und Stärkste in unserer Schulklasse.

Wenn ich von anderen in der Schulklasse angegriffen wurde, kam er mir stets zu Hilfe.

Er war fast täglich bei seinen Großeltern, die in unserer Nachbarschaft wohnten.

Allmählich gab es in Köln hin und wieder Fliegeralarm von britischen Flugzeugbombern.

Weil man befürchtete, daß auch Gasangriffe gestartet würden, verteilten einige dafür beauftragte Leute an die Bevölkerung Gasmasken.

Auch an Kinder.

Für uns Kinder war das Anziehen der Gasschutzmasken im Zuge von entsprechenden Übungen eine etwas ulkige Sache.

In der Schule wurden uns Verhaltensmaßnahmen bei Bombenangriffen gegeben.

Meine Eltern besaßen ein schönes Radiogerät.

Der Deutschland-Sender brachte öfters Sondermeldungen, in denen über die Erfolge der deutschen Soldaten berichtet wurde.

Eines Tages mußten wir uns in der Schule alle auf dem Schulhof versammeln.

In der Nähe des dortigen Sandkastens, für Sportübungen eingerichtet, bildeten wir einen großen Kreis.

Was sollte nun geschehen? Die Lehrer brachten mehrere Eimer, mit Wasser gefüllt, und Sand herbei.

Ein Lehrer hatte einen Metallkörper oder ähnliches in der Hand.

Dieser wurde nun in der Mitte des Sandkastens gezündet.

Es entstand eine große Flamme, die danach mit Wasser und Sand wieder gelöscht wurde.

Es handelte sich hierbei wohl um eine selbstgebastelte Brandbombe oder ähnliches, mit der demonstriert werden sollte, wie wir Schüler uns bei einer Brandbombengefahr zu verhalten haben.

Am 6. Juni 1940 fielen bei uns im Ort die ersten Fliegerbomben, wobei unter anderem ein kleines Wohnhaus, das am Rheindamm lag, getroffen wurde.

Außer uns Schulkindern waren auch viele Schaulustige aus der Stadt gekommen, um sich diesen Schaden anzusehen.

Das Dach des St.-Agatha-Krankenhauses wurde inzwischen großflächig mit den Zeichen des Internationalen Roten Kreuzes angemalt.

Auf der Galopp-Rennbahn Köln-Merheim, linksrheinisch – jetzt Weidenpesch – fanden öfters Pferderennen statt.

Weil wir kein Geld für den Eintritt hatten, schauten wir den Rennen von den Holzzäunen der Rennbahn aus zu.

Bei den letzten Rennen durften wir dann ohne Eintrittsgeld in den Zuschauerraum.

Mit einem Personen-Dampfschiff fuhr ich mit meinen Eltern und anderen Verwandten am 22. Juni 1941 nach Königswinter, um von dort aus auf einen Berg des Siebengebirges, den Drachenfels, zu steigen.

Auf dem Schiff wurde bekannt, daß Deutschland gegenüber der Sowjetunion den Krieg erklärt habe.

An den plötzlich ernst gewordenen Gesichtern der Erwachsenen ahnte ich, daß diese Nachricht vielen nicht so gelegen kam.

Es war sonst ein schöner hochsommerlicher Tag.

Wir hatten bei diesem Ausflug viel Freude und Spaß.

In dem Nachbarort Köln-Merheim, linksrheinisch, Drosselweg, in der Nähe der Pferderennbahn, wohnten vor dem Kriege wohlhabende jüdische Familien.

Bei der Judenverfolgung durch die Nazis waren alle Juden verpflichtet, einen Davidsstern zu tragen.

Mit der Straßenbahn, es war die Linie 7, die von Köln-Niehl bis Köln-Raderberg führte, fuhr ich mit meiner Mutter eines Tages in die Stadt.

An einer Haltestelle des vorerwähnten Ortes stieg eine alte Dame ein, die einen solchen Stern trug.

Meine Mutter machte sofort ihren Platz frei und bat diese Dame, sich zu setzen.

Die Dame wehrte ab und sagte, daß sie als Jüdin keinen Sitzplatz beanspruchen dürfe und meine Mutter dadurch Schereien bekommen könnte.

Meine Mutter bat sie erneut, sich zu setzen.

Diese Dame hatte jedoch weiterhin Angst, den angebotenen Sitzplatz einzunehmen.

Weiteres Zureden meiner Mutter half hierbei nicht.

Der Schulunterricht war ganz im Sinne der nationalsozialistischen Ideologie ausgerichtet.

Zu Beginn des Schulunterrichts mußten wir uns von den Plätzen erheben und mit dem Hitler-Gruß der siegreichen deutschen Soldaten gedenken.

Hitlers Geburtstag, der 20. April, war immer ein besonderer Feiertag in der Schule.

Mit den Lehrerinnen und Lehrern versammelten wir uns morgens auf dem Schulhof.

Es wurde die Hakenkreuzfahne gehißt, und der Schulleiter hielt eine Ansprache.

Die Feier endete dann mit dem Absingen des Deutschland-Liedes sowie des Horst-Wessel-Liedes.

In den Schulbüchern wurden die Märtyrer des Nationalsozialismus verherrlicht.

Züchtigungen von der Lehrerschaft an den Schülern wegen Nichtkönnens des Lehrstoffes waren damals noch üblich.

Eines Tages stand ich an der großen Schultafel und sollte in dem Fach „Sprachlehre" etwas erklären und es auf der Tafel niederschreiben.

Weil ich hier lange zögerte und auch nicht wußte, was ich eigentlich erklären sollte, bekam ich von dem Lehrer Schmitz hierfür Ohrfeigen und Schläge und fiel mit der Tafel zu Boden.

Einige Lehrerinnen und Lehrer trugen das Parteiabzeichen der NSDAP.

Es waren Fräulein Funk, Fräulein Müller und Herr Schmitz.

Obwohl der Schulleiter, Herr Rektor Prost, auch Mitglied der NSDAP war, sah man ihn jeden Sonntag in der heiligen Messe.

Sein Stammplatz dort war auf der Orgelbühne direkt neben der Orgel.

Es waren auch Lehrer dabei, die der Ideologie der NSDAP nicht unbedingt folgten.

So erhielt der Lehrer Ferdinand Solbach einen Verweis dafür, als er einmal zu den Jungen der Oberklasse sagte, sie mögen zum Gesangsunterricht in der Schule das Gebetbuch mitbringen.

Der zuständige Ortsgruppenleiter der NSDAP beschwerte sich daraufhin bei dem Schulrektor Prost mit der Begründung, daß die Gesangsstunde in der Schule zum Erlernen deutscher Lieder bestimmt wäre, welche im Diözesan-Gebetbuch nicht zu finden sind.

Die Bombenangriffe auf Köln wurden in den folgenden Jahren immer öfter und heftiger.

Infolge Fliegeralarms mußten wir auch öfters den Luftschutzkeller der Schule aufsuchen.

Im Luftschutzkeller der Schule saßen wir dichtgedrängt in Bänken.

Der Schulleiter kontrollierte die Gänge des Luftschutzkellers, und wenn Unruhe bei den Schülern aufkam, schlug er mit einem an der Hand geführten kleinen Gummischlauch auf die Störenden ein.

War der Fliegeralarm so kurz vor Schulende gegeben worden – oder war es erst Voralarm –, so wurden wir auch schon einmal direkt nach Hause geschickt.

Manchmal waren wir gerade zu Hause, und es setzte dann der Großalarm ein.

Durch die Ausgabe von Lebensmittelkarten wurde vieles rationiert.

Auch die schönen Bananen, die für mich bis dahin fast als Hauptmahlzeit galten, gab es plötzlich nicht mehr.

Trotz Krieg und Fliegeralarm spielten wir Kinder fröhlich weiter.

Mit Willi Ziskoven ging ich auch öfters zu unserem Schulfreund Heinz Pulm spielen.

Das Elternhaus von Heinz hatte einen großen und langen Garten, der bis zur Pferderennbahn reichte.

Somit konnten wir auch ein Teil der Rennbahn zum Spielen benutzen.

Sah uns jedoch jemand vom Rennverein, so wurden wir gleich weggescheucht.

Heidi und Dieter Ries, die gleich neben mir wohnten, waren inzwischen mit ihren Eltern nach Bad Rappenau verzogen.

Ab 1940 gab es auch keine Rosenmontagszüge mehr.

Ferner gab es in den Kriegsjahren keine offiziellen Karnevalsveranstaltungen.

Wenn aber die Karnevalszeit gekommen war, dann wurde zu Hause doch etwas gefeiert, teils auch etwas kostümiert.

Der Rheinländer feierte damals primär seinen Namenstag.

So geschah es auch bei uns in der Familie.

Für mich war es immer eine Freude, wenn mich mein Vater in eine Kinovorstellung für Kinder und Jugendliche am Sonntagvormittag mitnahm.

Außer den heroischen Filmen, wie „Kadetten" oder „Friedrich der Große" mit Otto Gebühr, gab es auch lustige Filme, wie unter anderem „Quax der Bruchpilot" mit Heinz Rühmann, zu sehen.

Zu Weihnachten bekamen wir überwiegend Militärspielzeug geschenkt.

Kanonen, Soldatenfiguren, Panzerwagen usw.

Ich selbst bekam einmal einen Stahlhelm (Papphelm) des Afrika-Korps geschenkt, mit dem ich stolz einen Soldaten spielte.

Im Sommer 1942 wurden für die Geschütz- und Granatenfabrikation die Glocken der großen Pfarrkirche demontiert.

Für diese Arbeit erschienen Arbeiter einer Abbruchfirma.

Auch wir Kinder waren wieder da, um dieser Demontage zuzusehen.

Plötzlich hatte sich eine Glocke von dem aufgebauten Galgen losgerissen, stürzte zur Erde, hatte vorher noch ein Fensterkreuz auf der Orgelbühne durchschlagen und das unter diesem Fensterkreuz gelegene Gesims schwer beschädigt.

Beim Aufprall auf die Erde erlitt sie einen großen Sprung, und ein größeres Stück war abgebrochen.

In Köln, dem Geburtsort der meisten Witze, zum Beispiel der Tünnes- und Schäl-Witze, konnten die zeitgemäßen Witze nur noch geflüstert werden.

Wer solche Witze allzu laut erzählte, konnte damit rechnen, daß er wegen „Volkszersetzung, Verächtlichmachung der Partei oder deren Führer" bestraft wurde.

Ein Mieter in unserem Haus, Herr Felde, kannte immer viele Witze.

Ich kann mich noch daran erinnern, als er im Luftschutzkeller einmal eine Papierserviette faltete und diese anzündete.

Als diese dann abhob, sagte er zu uns: „Jetzt fliegt Rudolf Heß nach England."

Die Sommerferien bei meinen Großeltern und Verwandten im Saargebiet waren für mich immer eine schöne Sache, weil es hier kaum Fliegeralarm gab.

Zu den Schulferien im Sommer 1942 war ich auch wieder bei meinen Großeltern im Saarland.

In der Nacht vom 1. zum 2. September 1942 erlebte Saarlautern einen Bombenangriff durch englische und amerikanische Flieger, wie er bis dahin dort noch nicht gewesen war.

Die Innenstadt war durch Spreng- und Brandbomben sehr zerstört.

Bei einem Spaziergang mit meinem Großvater konnte ich auf einem Schulhof in der Innenstadt sehen, wie dort Leichen von Kindern, Frauen und Männern, teilweise stark verkohlt, in Reihen lagen.

Anfang 1943 stand fest, daß ich in diesem Jahr zur Erstkommunion gehen sollte.

Der Vorbereitungsunterricht hierfür fand in der nicht mehr genutzten alten Kirche – sie wurde damals Kriegergedächtniskapelle genannt – durch Frau Glitza und in der Vikarie Feldgärtenstraße durch den Kaplan Fricke statt.

Am ersten Ostertag des Jahres 1943 ging ich zur ersten heiligen Kommunion.

Zur Feier des Festes hatte meine Mutter für das leibliche Wohl der vielen Gäste alles getan, was seinerzeit möglich war.

Meine Eltern züchteten Kaninchen, hielten Hühner und Gänse.

Im Garten war Obst und Gemüse.

Über Geschenke wie Tintenfüllfederhalter, Geldbörse, Geld, Blumen und so weiter freute ich mich sehr.

Es waren auch Geschenke dabei, die normalerweise, entsprechend dem Sinn des Festes, nicht vergeben werden.

Zum Beispiel erhielt ich von einem Nachbarn, der Mitglied der SA war, das Buch „Hermann Göring – Werk und Mensch".

Ein Mieter in unserem Haus, ebenfalls Mitglied der NSDAP und dessen Sohn Offizier der Waffen-SS war, schenkte mir einen Dolch der Hitler-Jugend mit einer eingravierten Inschrift „Blut und Ehre".

Mein Festtag war auch wieder überschattet von Fliegerarlarm und einem Bombenangriff auf Köln.

Weil unser Haus keinen Tiefkeller hatte, mußten wir andere Luftschutzkeller aufsuchen.

An diesem Tag im Luftschutzkeller des St.-Agatha-Krankenhauses, das ca. 200 Meter von unserem Haus entfernt war.

Für eine kurze Zeit danach konnten wir nach wie vor in die Kellerräume dieses Krankenhauses kommen.

Eines Tages wurde uns gesagt, daß hier zuwenig Platz sei und bei Bombenangriffen erst einmal die Kranken untergebracht werden müßten.

In einem Wohnhaus gegenüber, bei der Familie Birk, fanden wir im Keller eine Bleibe für Fliegerangriffe, die nunmehr Tag und Nacht waren.

Bei Großalarm wanderten wir in Windeseile mit unseren Koffern, Rücksäcken und so weiter über die Straße in den genannten Luftschutzkeller.

Für die Markierung ihrer Ziele setzten die Bomber sogenannte Christbäume.

Oft krachten schon die Bomben, als wir über die Straße liefen.

Die Jahre als Kleinkind verbrachte mein jüngerer Bruder überwiegend im Luftschutzkeller.

Ich kann mich noch gut an einen Brandbombenangriff erinnern, von dem überwiegend der rechtsrheinische Vorort Mülheim betroffen wurde.

Dieser Stadtteil war bei dem Angriff mit brennendem Phosphor übergossen worden.

Selbst in unserem Ort, der fast zehn Kilometer entfernt lag, war es in dieser Nacht so hell, daß man bequem eine Zeitung hätte lesen können.

Wegen der andauernden Bombenangriffe auf Köln fand auch eine Kinderlandverschickung statt.

Schulkinder wurden nach Pommern, Ostpreußen und Schlesien verschickt.

Als diese Kinder nach einer gewissen Zeit wieder zurück zu uns in die Schule kamen, waren sie oft wegen ihres inzwischen fremden Sprachdialekts dem Spott der anderen Schulkinder ausgeliefert.

Zu einer Lieblingsbeschäftigung für uns Kinder gehörte auch das Fischen im Rhein.

An einem Abflußkanal des Flusses waren oft viele Kinder und Jugendliche versammelt, um mit selbstgebastelter Anglerausrüstung zu fischen.

Wegen fehlender amtlicher Anglererlaubnis kam hin und wieder die Polizei, und alle verschwanden sofort.

Einmal brachte ich voller Stolz einige im Rhein gefangene Fische nach Hause.

Ich legte für einen Augenblick meine Beute ab und wollte diese meiner Mutter zeigen.

In diesem Augenblick sprang unsere Katze hinzu und schnappte sich den größten Fisch, den ich gefangen hatte, und lief damit weg.

Ich hätte die Katze verwünschen können.

In unserer Pfarrgemeinde wurde ich Ministrant und mußte bei Begräbnissen auf dem Kölner Nordfriedhof oft den Geistlichen begleiten.

Mit einem Personenkraftwagen, mit Holzkohlevergaser – Marke Imbert – angetrieben, wurden wir von unserem Ort aus zum Friedhof gefahren.

Übrigens waren wegen Benzinmangels damals fast alle Personen- und Lastkraftwagen mit einem Holzkohle-Generator der Firma Imbert, die ihr Unternehmen auch in Köln-Niehl hatte, ausgestattet.

Dieser Generator sah wie eine kleine Tonne aus und war am Fahrzeug befestigt.

Ab und zu mußte dann der Fahrer den Deckel öffnen und in die Glut einen Sack Holz einwerfen.

Zur Einsegnung der Toten in der Leichenhalle gingen wir Ministranten mit dem Geistlichen und dem Küster durch den

Hintereingang der Halle, vorbei an den vielen einzelnen Leichenkammern, wo bereits Tote, überwiegend Opfer von Luftangriffen, für die Bestattung lagen.

Weil manche Toten schon einige Tage nur provisorisch eingesargt waren, herrschte dort der übliche Leichengeruch.

Ich war immer froh, wenn wir, ohne daß es mir übel wurde, die Einsegnungshalle erreichten.

Es kam auch schon einmal vor, daß während des Begräbnisses Fliegeralarm gegeben wurde.

Auf dem Friedhof waren Luftschutzgräben ausgehoben worden, in welchen man bei den täglichen Bombenangriffen Unterschlupf finden konnte.

Ein Bruder meines Vaters, Onkel Peter, war nicht mehr als Soldat eingezogen.

Er wohnte mit seiner Ehefrau, Tante Lieschen, in der Kölner Innenstadt, in der Maybachstraße.

Dieses sogenannte Agnes-Viertel war auch einmal Ziel eines schweren Bombenangriffes.

Das Mehrfamilienhaus wurde hierbei durch Spreng- und Brandbomben total zerstört.

Meine Verwandten waren danach für einige Tage im Keller dieses Hauses verschüttet und konnten erst in letzter Minute befreit werden.

Einige Leute im Nachbar-Luftschutzkeller konnten nicht mehr heraus, weil durch die starke Hitzeeinwirkung die vorgeschriebenen Stahltüren nicht mehr zu öffnen waren.

Für sie war keine Rettung mehr möglich.

Unter dem Syndrom, verschüttet gewesen zu sein, haben Tante Lieschen und Onkel Peter noch lange gelitten.

Trotz Fliegeralarms unternahmen wir Kinder viele Aktivitäten.

So fuhren wir auch im Sommer öfters mit der Straßenbahn zum Schwimmstadion nach Köln-Müngersdorf.

Dort lernte ich auch das Schwimmen, indem ich einmal in das Schwimmerbecken sprang und plötzlich merkte, daß es klappte.

Meine Schwester Loni, die im Nachbarort als Verkäuferin arbeitete, hatte dort eine Mittagspause von zwei Stunden.

Zum Essen kam sie dann mit dem Fahrrad nach Hause.

In dieser Zeit überließ sie mir ihr Fahrrad, und ich freute mich darauf, mit diesem Rad herumfahren zu können.

Das Sammeln von Bomben- und Granatsplittern war damals für uns eine besondere Lieblingsbeschäftigung.

Jeder freute sich, wenn er die größten und schönsten Teile hiervon hatte.

Mein Freund Heinz Klein und ich widmeten uns auch einer anderen Beschäftigung.

Wir spielten öfters Pfarrer.

Im Wohn-Schlafzimmer der Großmutter von Heinz bauten wir einen Altar auf und zelebrierten dort die Messe.

Da wir den lateinischen Text einer Messe nicht beherrschten, murmelten wir hierbei einfach etwas herunter.

Unsere jüngeren Brüder und andere Freunde waren hierbei unsere Ministranten.

Fanden wir einmal einen toten Vogel, so zogen wir in feierlicher Prozession durch den Garten und veranstalteten hier ein Begräbnis.

Wehe, wenn bei dieser Zermonie jemand lachte.

Dies hatte böse Folgen – es gab anschließend Prügel.

Der jüngere Bruder von Heinz, Hans-Joachim, machte hierzu oft seine ironischen Bemerkungen.

Unsere liturgischen Gewänder waren aus großen Papierbögen zugeschnitten.

Ich hatte dabei die ehrenvolle Aufgabe, die entsprechende Bemalung vorzunehmen.

Viele Freunde und einige Klassenkameraden spielten auch Pfarrer.

Mein Schulfreund Willi Hermanns hatte den schönsten Altar.

Eines Tages gab es große Aufregung in unserer Schulklasse.

Schulkameraden hatten auf der Pferderennbahn den Blindgänger einer Brandbombe gefunden.

Auf dem vorerwähnten Gelände hatten sie diese Bombe gezündet.

Hierbei verletzten sich einige meiner Klassenkameraden und trugen starke Brandwunden davon.

Mein Klassenkamerad Josef Theisen verletzte sich so stark, daß er einige Wochen im Krankenhaus verbringen mußte.

Der Sommer 1943 war warm und heiß.

Weil Lederschuhwerk sehr knapp war, liefen wir oft barfuß herum oder in Holzpantinen.

Für die Anschaffung von Kleidung gab es Kleiderkarten.

Trotz dieser Karten war neue Kleidung kaum erhältlich.

Meine Mutter nähte für meinen Bruder und mich aus älteren Kleidungsstücken Hosen und sonstige Kleidung.

Neue Strümpfe waren zu dieser Zeit auch nicht zu bekommen.

Alle beschädigten Strümpfe und Socken wurden jeweils wieder gestopft.

Täglich war zwei- bis dreimal Fliegeralarm.

Beim Ertönen der Sirene durchzuckte es meinen ganzen Körper, und ich hatte immer wieder Angst, die Bombenangriffe nicht überleben zu können.

Im Gegensatz zum Stadtkern und anderen Vororten Kölns fielen bei uns relativ wenig Bomben.

Es kann angenommen werden, daß hierfür die Lage des Automobilwerkes, amerikanischer Besitz, entscheidend war.

Trotzdem wurden bei uns noch viele Wohnhäuser, kleinere Fabrikationsbetriebe sowie das Hafengelände von Bomben getroffen.

Im Juli 1943 wollten wir unseren üblichen Sommerurlaub im Saargebiet verbringen.

Wir fuhren mit der Eisenbahn bis Saarlautern.

Als wir in das Haus der Großeltern kamen, war dort eine Trauergesellschaft anzutreffen.

Der Großvater war am 3. Juli 1943 nach längerer Krankheit verstorben.

Ein Telegramm über den Tod des Großvaters war wegen starker Fliegerangriffe und dadurch bedingter Störung des Postverkehrs in Köln nicht angekommen.

Der 4. November 1943 war für mich ein Tag, den ich niemals vergessen kann.

Es hatte am Abend dieses Tages Fliegeralarm gegeben, und wir begaben uns in den gegenüberliegenden Luftschutzkeller.

Plötzlich erschallte ein fürchterliches Dröhnen, es gab einen gewaltigen Luftdruck, wir wurden gegen die Kellerwand geschleudert.

Es gab einen unheimlichen Krach, das Licht ging aus, und Staub und Dreck gelangten in den Luftschutzkeller.

Was war eigentlich passiert? Wo war die Bombe niedergegangen? Da das Bombardement noch weiterging, wagte sich keiner aus dem Luftschutzkeller.

Als der Fliegerangriff vorbei und Entwarnung gegeben war, begaben wir uns auf die Straße.

Staub und Dreck wirbelten immer noch herum.

Wir sahen nun, daß eine Luftmine eine kleine Hühnerfarm neben unserem Luftschutzkeller getroffen hatte.

In fast allen Häusern der Nachbarschaft waren Dächer abgedeckt, Fensterscheiben beschädigt, große Splitterlöcher im Mauerwerk und weitere Schäden zu verzeichnen.

In unserem Hause war die gesamte Verglasung zerstört, Fenster und Türen und der größte Teil des Daches beschädigt.

Viele Bombensplitter hatten auch den Außenputz des Hauses beschädigt.

Ein Mieter des Hauses, Herr Dierdorf, war bei den Ford-Werken in Köln-Niehl dienstverpflichtet.

Mit einem Lastkraftwagen dieses Unternehmens brachte er Material für die notdürftigen Reparaturarbeiten am Hause herbei.

Bei den Instandsetzungsarbeiten half er auch tüchtig mit.

Eine weitere Sprengbombe hatte das Dach der Pfarrkirche durchschlagen und blieb im Bereich der Kanzel als Blindgänger liegen.

Durch Kriegs- und Zivilgefangene wurde dieser niedergegangene Blindgänger später entschärft und weggebracht.

Durch die in unserem Ortsraum angesiedelte Rüstungsindustrie, unter anderem die Firma Schmidding, die Torpedos für die deutsche Kriegsmarine herstellte, sah man öfters ärmlich gekleidete Fremdarbeiterinnen, meistens Ukrainerinnen.

An unserer Pfarrkirche hing ein großes Missionskreuz.

Viele Ukrainerinnen, die hier vorbeikamen, knieten sich vor dem Kreuz nieder und schlugen hierbei ein dreifaches Kreuzzeichen.

Dies hatte mich als Kind sehr beeindruckt.

Im Hafengelände war ein sowjetisches Gefangenlager.

Es sprach sich bei uns Kindern herum, daß diese Gefangenen aus Baumstücken und so weiter schöne Pfauen schnitzten und auch sonstiges Spielzeug, wie Flugzeuge et cetera, anfertigten.

Im Tausch gegen ein Brot konnte man diese Sachen von den Gefangenen erhalten.

Wir paßten bei diesem Tauschvorgang immer auf, ob der deutsche Aufseher – da dieses im Grunde nicht gestattet war – nicht zuschaute.

Vielleicht hat auch mancher Aufseher hierbei weggesehen? In den Räumen unter der Tribüne des Fußballplatzes von VfL 99 Köln-Merheim, linksrheinisch waren französische Kriegsgefangene untergebracht.

Einige von ihnen stellten Metall-Siegelringe her, die man gegen Naturalien erwerben konnte.

Unsere Ministrantenschar war eine schöne Gemeinschaft.

Der junge Geistliche, Herr Kaplan Fricke, machte mit uns hin und wieder Ausflüge auf die andere Rheinseite.

In dem dortigen kleinen Waldgebiet machten wir unsere Spiele.

Diese Aktionen waren für den Geistlichen ein Risiko, da solche Unternehmungen nur innerhalb des Jungvolks oder der Hitler-Jugend stattfinden sollten.

Bei einem späteren Treffen in den achtziger Jahren erzählte uns dieser Geistliche, der vor acht Jahren im Alter von 89 Jahren verstorben ist, daß er Anfang 1940 in der Vikarie für zwei Jahre ein älteres jüdisches Ehepaar versteckt gehalten habe, obwohl im Nachbarhaus ein SA-Mann wohnte.

Zum Ende des Jahres 1943 wurden die Bombenangriffe über Köln immer häufiger.

Mit dem Ertönen der Sirenen bei Fliegeralarm klappte es nicht immer.

Plötzlich fielen schon Bomben, und dann ertönten erst die Sirenen.

Am 6. Dezember 1943 wurde ich durch den damaligen Kölner Weihbischof Dr. Wilhelm Stockums in der St.-Bonifatius-Kirche, Köln-Nippes, gefirmt.

Am Abend war bei uns zu Hause eine Nikolaus-Feier, besonders für meinen jüngeren Bruder Alfred.

Wegen eines plötzlichen Fliegeralarms mußte auch diese Feier abgebrochen werden.

An Weihnachten 1943 war meine Freude über die Geschenke sehr groß.

Bei der Bescherung fand ich ein Paar Schlittschuhe vor.

Mein Schwager Willi, er war bei einer Flakeinheit in Köln-Fühlingen stationiert, hatte die Gelegenheit, in der Firma Glanzstoff ein Paar alte Schlittschuhe mit einem schwarzen Lack einbrennen und neu herrichten zu lassen.

Es waren Schlittschuhe, die an das Schuhwerk angeschraubt werden mußten.

Für mich ein fürstliches Weihnachtsgeschenk.

Die Christmette war morgens früh in der Pfarrkirche.

Wir waren mit einer großen Ministrantenschar am Altar versammelt.

Es war alles sehr feierlich in der Kirche.

Unsere obligatorischen Weihrauchfaßträger waren damals Franz Mann, Edi Meier und Walter Wirtz.

Bei Kommunionausteilung an die Meßdiener mußte ich dem Kaplan mit rotem Kopf sagen, daß ich nicht mehr nüchtern und danach zum Kommunionsempfang nicht mehr berechtigt war.

Vor der Christmette hatte ich noch zu Hause vom Weihnachtsteller Schokolade genascht.

In Niehl gab es auch einige Originale, die weder lesen noch schreiben konnten.

Sie besaßen den sogenannten „Persilschein".

Es waren Robert Stammel, der bei seinen Verwandten in der Gärtnerei Stammel wohnte.

Er war etwas bucklig und lief oft in unserem Ort herum.

Wenn ihm etwas nicht paßte, schimpfte er mit seiner Eunuchenstimme.

Der „tolle Werner", der eigentlich in Nippes wohnte und öfters nach Niehl kam.

Er spürte gerne jungen Frauen nach, war aber sonst sehr harmlos.

Bernhard Rath, genannte „Katze-Bernhard".

Er wohnte auch bei seinen Eltern in der Sebastianstraße und fuhr täglich mit seinem kleinen Leiterwagen durch die Straßen von Niehl.

Christian Selbach, der unter dem Namen „Schäle Chress" bekannt war und bei seinem Bruder wohnte.

Er wurde von den Kindern und Jugendlichen dadurch geärgert, daß man ihn in seinen Bewegungen und in seinem Sprechen nachäffte.

Im Nieheler Krankenhaus bekam er sein Essen.

Oft standen Jugendliche vor dem Krankenhaus und warteten, bis er kam.

Dann wurde er von diesen so gehänselt, bis er wütend auf sie zuging.

Ende 1997 ist Christian Selbach im Altersheim der Riehler Heimstätten im Alter von 88 Jahren plötzlich verstorben.

Auf die Verdunkelung der Wohnungen bei Abend wurde besonderer Wert gelegt.

Bei Nichtbeachtung konnte man mit empfindlichen Strafen rechnen.

In den Wohnungen, wo keine eingebauten Rolladen vorhanden waren, mußte mit schwarzem Kreppapier eine entsprechende Jalousie angebracht werden.

Selbst die Scheinwerfer an den Fahrrädern durften als Lichtquelle nur einen kleinen Schlitz zum Leuchten haben.

Die Bombenangriffe im Jahre 1944 wurden in Köln bei Tag und Nacht immer heftiger.

Am hellen Tag flogen die Geschwader ein.

In Taubengröße konnte man sie erkennen, hell glänzend im Sonnenlicht unter dem blauen Himmel.

Gelassen kamen sie heran, wie an einer Schnur gezogen.

Mit aller Härte schlugen sie zu, und sie taten es, indem alle Maschinen in derselben Sekunde abwarfen.

Die Leute sagten, sie haben wieder einen „Teppich" geworfen.

Meine Angst hierbei wurde immer größer.

Oft verbrachten wir Tage und Nächte nur im Luftschutzkeller.

Die Stromverbindung war öfters unterbrochen.

Zur Beleuchtung dienten dann Kerzen und alte noch vorhandene Petroleumleuchten.

Die Wasserversorgung war durch die Bombenangriffe manchmal unterbrochen.

Mit Kannen und Eimern mußte Wasser aus noch im Ort vorhandenen Wasserhandpumpen abgezapft werden.

Die für uns nächste Wasserpumpe war vor der Gaststätte Nettesheim.

Zur Irritierung der feindlichen Flieger wurden an einigen Stellen im Ort Fesselballons hochgelassen.

Eine Ballonstation war in der Nähe des Niehler Friedhofes.

Es fand auch eine künstliche Vernebelung bei Fliegeralarm statt, die einen penetranten Geruch, Hustenreiz und Tränen der Augen verursachte.

Zu Pfingsten 1944 war die kirchliche Trauung von Loni mit dem Flaksoldaten Willi Passens in der Niehler Pfarrkirche.

Im Kreise von Verwandten und Bekannten – einige sind im Krieg gefallen – wurde nochmals gefeiert.

Willi wurde danach als Flaksoldat zur Bewachung der Industrieanlagen nach Brüx/Dux (Sudetenland) versetzt.

Loni, Tante Käthe, genannt „Täntchen", sowie Georg folgten ihm später nach und wohnten in dem Ort Maria-Ratschitz.

Onkel Jakob, der älteste Bruder meiner Mutter, war im Raum Düsseldorf in einem Rüstungsbetrieb dienstverpflichtet.

Er kam öfters abends zu uns nach Köln, und wir spielten mit ihm Karten.

Dieses Spiel wurde oft durch Fliegeralarm unterbrochen.

Im Juli 1944 bekam ich die Mitteilung, daß ich mich als Pimpf beim Jungvolk zu melden habe.

Auf Grund eines ausgegebenen Bezugsscheines sollten mir meine Eltern die Pimpfen-Uniform kaufen.

Im Textilgeschäft Niggemann war hiervon nur noch das braune Hemd dieser Uniform erhältlich.

Samstags nachmittags fand auf einer Wiese am Rhein das Antreten des Jungvolks und der Hitler-Jugend statt.

Ich denke noch an den Auftritt eines höheren Hitler-Jugendführers zurück, der uns anbrüllte und rief, das Jungvolk und die Hitler-Jugend in unserem Ort wären unordentlich und ein richtiger Sauhaufen.

Eines Tages spielte ich mit meinem älteren Cousin Georg und seinen Freunden auf der Straße.

Es war der Tag nach einem großen Fliegerangriff auf Köln.

Plötzlich erschien ein hoher Hitler-Jugend-Funktionär.

Wir versteckten uns.

Er konnte uns jedoch finden.

Er sagte zu uns sehr zornig, daß wir zu Aufräumungsarbeiten mit in die Stadt kommen müßten.

Obwohl ich einige Jahre jünger als die anderen war, mußte auch ich mitziehen.

Auf einem Schulhof in der Stadt sahen wir Leichen von Kindern, Frauen und Männern liegen, die bei einem Bombenangriff umgekommen und bis zur Unkenntlichkeit verkohlt waren.

Bei diesem Anblick lief es mir eiskalt über den Rücken.

Ich stellte mir immer die Frage, warum so was Grausames passieren mußte.

Seit dem Frühjahr 1944 gab es Drahtfunk.

Öffentliche Luftwarnungen und Fliegeralarm genügten nicht mehr, seitdem die Luftgefahr zu einem Dauerzustand geworden war.

Die Bevölkerung wollte wissen, ob ihr unmittelbar eine Gefahr drohte, und wollte vor dieser Gefahr in Deckung gehen.

Die Luftgefahrmeldungen wurden von der Post über den Telefondraht an die Radio-Empfänger zugeleitet.

Weil zu dieser Zeit alle Telefonleitungen durch entsprechende Maste oberirdisch verlegt waren, mußte eine Antennenleitung für das Radiogerät über den Telefondraht gespannt werden.

Ein Mieter in unserem Hause war auch an diesen Drahtfunk angeschlossen und kündigte uns immer rechtzeitig das Anfliegen der Bomberverbände an.

Am 20. Juli 1944 saßen wir wieder im Luftschutzkeller.

Im Radio wurde verkündet, daß der Führer einem Attentat zum Opfer gefallen sei.

Die Hausbesitzerin, Frau Birk, eine bereits ältere Dame, die eine schwerbehinderte Tochter hatte, sehr fromm und der bereits der Sohn Christian in Rußland gefallen und der andere Sohn Gottfried auch Soldat war, frohlockte darüber.

Später kam das Dementi, daß Hitler am Leben sei und alle Gewalt nach wie vor in seiner Hand wäre.

Abermals rief diese Frau wörtlich folgendes aus: „Wäre das Biest doch kaputt gegangen!" Alles schwieg, und einige sagten ängstlich, daß ihr eine solche Aussage doch zum Verhängnis werden könnte.

Diese Dame erwiderte hierzu, daß sie nach wie vor zu dieser Aussage stehen würde.

Im übrigen erhob diese Frau ihre Stimme, wenn bei starken Bombenangriffen plötzlich Leute, die sonst mit Gott nichts zu tun hatten, beteten und Gott um Hilfe riefen.

Sie sagte dann: „Jetzt könnt ihr auf einmal sogar beten."

Der beste Freund der behinderten Tochter Gretchen war der Dackel Ulli.

Durch lautes Bellen kündigte dieser Hund oft an, wann Gefahr drohte.

Auf dem Niehler Friedhof fanden keine Begräbnisse mehr statt.

Für einen bekannten Niehler Baumeister, der in der Nähe der Agnes-Kirche in einem Schützengraben durch Bombensplitter getötet wurde, erteilte man die Genehmigung einer Beerdigung auf dem Niehler Friedhof.

Von der Kirche aus zog der Trauerzug durch die Feldgärtenstraße.

Da er Mitglied der SA war, folgten dem Sarg viele Männer der SA in ihren braunen Uniformen.

Plötzlich gab es Fliegerarlam.

Einige SA-Leute schoben den Sarg schnell in den Flur des Hauses Feldgärtenstraße 113.

Nach einiger Zeit wurde Entwarnung gegeben, und der Trauerzug bewegte sich weiter.

Mein Vater war in einer Hutfabrik in der Kölner Innenstadt beschäftigt.

In einem sogenannten „Henkelmännchen" mußte ich ihm dorthin öfters Mittagsessen bringen.

Es wurde in diesem Betrieb dann aufgewärmt.

Mit der Straßenbahn fuhr ich bis zum Eigelstein und ging zu Fuß weiter.

Mein Weg ging über die Hohe Straße.

Es war ein Durchgang in einem riesigen Trümmerfeld.

Nur noch der Kölner Dom war zu sehen.

Im Zuge einer Luftschutzwache mußte mein Vater auch mehrmals in der Woche abends in dem Unternehmen anwesend sein.

Im September 1944 wurden die männlichen Jahrgänge 1927 bis 1930, soweit sie noch nicht zum Wehr-, Arbeits- oder Flakhelferdienst eingezogen waren, zum „Baueinsatz Westwall" eingezogen.

Hierbei waren auch einige Bekannte von mir, ältere Meßdienerkameraden.

Viele von ihnen flüchteten und tauchten außerhalb Kölns bei Verwandten o. ä. unter.

Mein Vater, Jahrgang 1897, war im Ersten Weltkrieg in einem Schützengraben in Flandern verschüttet gewesen und hatte hierbei teilweise sein Gehör verloren.

Als Schwerkriegsbeschädigter wurde er daher nicht mehr als Soldat eingezogen.

Plötzlich bekam auch er die Mitteilung, daß er sich zum Ausgraben von Schützengräben des Westwalles zu melden habe.

Für diese Arbeiten kam er zu einer Kolonne nach Erkelenz.

Nach kurzer Zeit kehrte er wieder zurück.

Auf Anordnung des damaligen Gauleiters Grohé wurden am 4. Oktober 1944 in Köln alle Schulen geschlossen.

Auch die Lehrer mußten zu verordneten Schanzarbeiten an den Westwall ausrücken.

Der Bevölkerung wurde damals sehr nahegelegt, sich in Gebiete Deutschlands, die noch nicht von Bombenangriffen bedroht waren, evakuieren zu lassen.

Die Westfront war auch seit Herbst 1944 nähergerückt.

Die Front tobte schon seit langer Zeit im Raum Aachen.

Wir hörten die Abschüsse der schweren Artillerie.

Der Feuerschein der Abschüsse zuckte zu uns herüber wie wildes Wetterleuchten.

Eine Zeitlang gingen wir mit Gepäck für mehrere Tage in den Keller eines großen Lagerhauses im Niehler Hafen.

Es war ein massiver Betonbau.

Hier hofften wir, wie auch viele andere Menschen, die in diesem überfüllten Keller waren, auf mehr Sicherheit vor den andauernden Bombenangriffen.

Das Leben in Köln wurde durch die fast ununterbrochenen Fliegerangriffe immer unerträglicher und chaotischer.

Die Bevölkerung hatte Angst, Angst und nochmals Angst.

Die angloamerikanischen Flieger bombardierten alles, was sozusagen nicht niet- und nagelfest war.

Sie zerstörten rücksichtslos Kirchen, Kulturgebäude und ähnliche Einrichtungen.

Eine Ausnahme war der Kölner Dom.

Die Bauern auf dem Feld sowie Menschen auf der Straße wurden von Jagdbombern im Tiefflug wie Freiwild abgeschossen.

Der Luftschutzkeller war nunmehr bei Tag und Nacht unsere Bleibe.

Viele Freunde von mir waren auch nicht mehr in Niehl und mit ihren Eltern und Geschwistern wegen der andauernden Bombenangriffe auf Köln außerhalb evakuiert.

Evakuierung aus Köln

Im November 1944 stimmten meine Eltern einer Evakuierung aus Köln zu.

Meine Eltern, mein kleiner Bruder und ich mußten mit unseren Habseligkeiten zu Fuß nach Köln-Longerich gehen.

Dort war in einem alten Fort ein Sammelplatz, wo wir erst einmal Verpflegung bekamen.

Am Abend ging dann die Fahrt mit der Eisenbahn ab dem Bahnhof Longerich los.

Wohin geht die Reise? Ist es eine Fahrt ohne Rückkehr in die Heimat? Der Zug war so voll, daß mein Bruder und ich zeitweise in den Gepäcknetzen schlafen mußten.

Die Zugreise ging wegen Fliegerangriffen nur schleppend voran.

Wir fuhren über Kassel, Magdeburg und Halle an der Saale.

Am späten Nachmittag des nächsten Tages war unser Endziel, die Kreisstadt Ronneburg in Thüringen, erreicht.

Mit einem offenen Pferdefuhrwerk wurden wir in das fünf Kilometer entfernte Dorf Korbußen gefahren und dort einer Bauersfamilie zugeteilt.

An diesem trüben, nebligen Spätherbsttag hätte ich laut heulen können, trotz der Ruhe vor den Bombenangriffen.

Für vier Personen bekamen wir einen Schlafraum von ca. zwölf Quadratmeter, ausgestattet mit zwei Betten und einem kleineren einfachen Schrank.

In diesem Zimmer war es eiskalt, und die Wände waren dort sehr feucht.

Ich schlief zusammen mit meinem Vater in einem Bett.

Mein jüngerer Bruder zusammen mit meiner Mutter in einem Bett.

Dieses Zimmer diente dem Bauer einmal als Lagerraum für Zuckerrüben.

Unsere Notdurft mußten wir auf einem sogenannten „Plumpsklosett" im Hofbereich verrichten.

Hatten wir doch in Köln innerhalb der Wohnung ein schönes Bad mit Wasserklosett.

Wasserleitungen waren in diesem Haus nur teilweise verlegt, so daß die Wasserentnahme durch eine in der Küche installierte Handwasserpumpe erfolgte.

Hier konnten wir uns auch morgens und abends waschen.

In dieser Küche konnte meine Mutter auch kochen, und wir nahmen dort ebenfalls unsere Mahlzeiten ein.

In der kleinen Wohnstube durften wir uns auch aufhalten.

Meine Mutter sagte hierzu, daß ihr die Wohnumstände gleichgültig wären.

Sie hoffte, daß der Krieg bald zu Ende sei und wir wieder nach Köln zurückkehren könnten.

Die Bauersfamilie bestand aus einem älteren Ehepaar, einer jüngeren Frau, Schwiegertochter der Vorgenannten – der Ehemann war in Rußland gefallen –, zwei Mädchen, fünf und elf Jahre alt, sowie einem Jungen, 13 Jahre alt.

Nach einigen Tagen kam bessere Stimmung auf.

Der Bauer hatte ein Schwein schlachten lassen, und es wurde auf dem Hof ein Schlachtfest veranstaltet.

Wir waren von Köln aus schon etwas ausgemergelt, und der Genuß von Wellfleisch und selbstgebackenem Brot war für uns ein Festessen.

Allmählich kamen wir uns alle etwas näher.

Mir imponierte der 13jährige große und starke Enkel des Altbauern, der Martin hieß und mit einem polnischen Fremdarbeiter – der Großvater war schon älter – den ganzen Bauernbetrieb meisterte.

Ich freundete mich auch mit ihm an.

Er zeigte mir den Umgang mit den Pferden Max und Fritz und nahm mich oft mit aufs Feld.

Mein Vater half täglich mit dem Ausmisten der Stallungen.

Für diese Arbeit durfte er an dem ausgiebigen Frühstück der Bauersfamilie teilnehmen.

Auf dem Bauernhof war auch ein Hund, ein schwarzer Mischling.

Er hörte auf den Namen Prinz.

Bei Schneefall spannte ich ihn vor einen kleinen Schlitten, und er zog mich damit durch den großen Garten hinter dem Hof.

In diesem Garten waren auch viele Apfelbäume mit Edelobst, das nach der Abernte im Bauernhaus gelagert war.

Hin und wieder bekamen auch wir von diesen schönen Äpfeln, sie schmeckten vorzüglich.

Mein Vetter Georg wußte, wo diese Äpfel gelagert waren, und wenn er einmal zu uns kam, schlich er sich in diesen Raum und nahm einige Äpfel mit.

Er tat dies, weil der Bauer so geizig war und unserem Besuch noch nicht einmal einige Äpfel schenkte.

Das Leben auf dem Bauernhof machte mir nun richtig Spaß.

Mit Martin durfte ich aufs Feld fahren.

Ich saß mit ihm stolz auf dem Sitz des Wagens, der von den zwei Pferden gezogen wurde.

Ich freute mich auch, wenn ich schon einmal die Pferdezügel ergreifen durfte.

Zu dieser Zeit wurde Gülle auf die Felder gefahren.

In den Wintermonaten wurde in der Scheune das Getreide gedroschen.

So etwas zu sehen, war für mich auch neu.

Einmal durfte ich dabeisein, als einige Kühe in den Nachbarort Großenstein gebracht wurden.

Dort wurden sie auf einem großen Bauernhof von einem Bullen gedeckt.

Das Mittagessen für die Bauersfamilie kochte die Altbäuerin.

Sie trug immer ein großes Stirnband, man sah sie fast nur in alten Wollkleidern, und sie hatte nur noch einige Zähne im Mund.

Sie kochte fast nur Eintopf.

Dieser Eintopf wurde in einer großen Schüssel auf den Tisch gestellt, und alle Mitglieder schöpften mit einer Kelle das Essen in ihre Blechteller.

Mit einem Löffel verzehrten sie dann das Gericht.

Meine Mutter konnte danach kochen.

Die gute rheinische Küche gefiel besonders den Schwestern von Martin, Inge und Alice, gut.

Oft baten sie meine Mutter, ob sie hiervon etwas essen dürften.

In dem Dorf war eine zweiklassige Dorfschule (1. bis 4. Schuljahr und 5. bis 8. Schuljahr).

In dieser Schule kam ich mir richtig fremd vor.

Die Jungen und Mädchen sprachen fast nur im thüringischen Dialekt, den ich nicht verstehen konnte.

Nach dem Schulunterricht erfolgte auf dem Schulhof das Antreten von Küken (Vorstufe des Bundes Deutscher Mädel) und Pimpfen (Vorstufe der Hitler-Jugend) in Uniform.

Weil in Köln die Anschaffung einer kompletten Pimpfen-Uniform nicht mehr möglich war, erhielt ich von der Schule aus eine komplette Winter-Uniform der Pimpfe.

Wenn der polnische Fremdarbeiter auf dem Hofe mich in dieser Uniform sah, sagte er zur mir: *„Was hast du für feine Anzug an!"*

Die letzte Kriegsweihnacht 1944 war für mich ein trauriges Fest.

Für die Weihnachtsteller konnte meine Mutter etwas Gebäck und einige Süßigkeiten herstellen.

Weihnachtsgeschenke gab es keine.

Für meinen jüngeren Bruder hatten BDM-Mädchen aus Sperrholz ein Pferdchen ausgesägt und bemalt, das nun sein Geschenk vom Christkind war.

Der obengenannte Knecht und Fremdarbeiter auf dem Hofe wohnte in einem separaten Gesindehaus, über den Schweine- und Pferdeställen.

Er war sehr fleißig und immer zu Späßen aufgelegt.

Er konnte uns Kölner gut leiden.

Nach einiger Zeit gesellte sich eine junge Polin zu ihm, die schwanger war.

Sie hieß Wanda.

Im Januar 1945 gebar sie einen Sohn mit Namen Bychek.

Da diese junge Mutter wenig Ahnung von Babypflege hatte, wurde sie bei der Behandlung dieses neugeborenen Kindes tatkräftig von meiner Mutter unterstützt.

Ende Januar 1945 fuhr meine Mutter noch einmal nach Köln, um einige Sachen wie Kleidung und so weiter zu holen.

Mein Vater, mein Bruder und ich aßen nunmehr mittags zusammen mit der Bauersfamilie.

Einmal gab es wieder Eintopf.

Kartoffeln, Bohnen und Hammelfleisch waren mit Zwiebeln zusammen gekocht.

Dieser Eintopf roch durch das mitgekochte Hammelfleisch sehr eigenartig.

Trotz Hunger war ich nicht in der Lage, dieses Gericht zu essen.

Die Altbäuerin beschimpfte mich danach als verwöhnten Großstädter.

In der großen Küche befand sich auch der Backofen.

Einmal im Monat wurden hier Brot sowie große Mohnkuchen gebacken.

In dem eingemauerten Ofen war Holzglut, auf der die großen Laibe Graubrot sowie der Kuchen gebacken wurden.

Mein Vater, als gelernter Bäcker, half fleißig mit.

Brot und Kuchen schmeckten vorzüglich.

Mit einer vorhandenen Maschine stellte der Bauer auch selbst Butter her, die köstlich war.

Mit Martin half ich auch bei kleineren Arbeiten auf dem Feld.

Als Belohnung bekam ich ein Butterbrot mit der selbstgemachten Butter, belegt mit Wurst aus der eigenen Schlachtung.

Während der vorübergehenden Abwesenheit meiner Mutter fand auch einmal ein Bombenangriff auf die Leuna-Werke statt, die weit von uns entfernt waren.

Gewöhnt an die großen Luftangriffe in Köln, betrachten wir diesen Angriff wie ein Wetterleuchten.

Anfang Februar 1945 kehrte meine Mutter wieder nach Korbußen zurück.

Sie hatte einige Sachen mitgebracht und erzählte uns, wie schlimm die Lage in Köln sei.

Als Schwager Willi, der zur Bewachung der Industrie im Sudetenland bei der Flak eingesetzt war, nunmehr nach Frankfurt/Oder versetzt wurde, hatten Loni, inzwischen schwanger, Täntchen und Georg auch keine Lust mehr, in Maria-Ratschitz zu bleiben.

Meine Mutter besorgte ihnen bei uns in Korbußen, Kreis Gera, eine schöne Wohnung bei der Kriegerwitwe und Bäuerin Frau Baumgärtel.

Bei uns gerade angekommen, erfuhren sie, daß ein Tag später die Stadt Dresden, über die sie gefahren waren, durch britische und amerikanische Bomber in Schutt und Asche gelegt wurde.

Anfang März 1945 fuhren Täntchen und mein Vater noch einmal nach Maria-Ratschitz, um dort einige zurückgebliebene Sachen zu holen.

Die Rückreise vom Sudetenland nach Thüringen dauerte wegen vieler behördlicher Kontrollen einige Tage.

Im Frühjahr 1945 trafen im Dorf immer mehr Schlesier ein, die vor der stetig näherrückenden Roten Armee geflüchtet waren.

Viele waren im Dorf einquartiert.

Bei dem Nachbarbauern wohnte der gleichaltrige Wolfgang Wollny aus Breslau, mit dem ich mich direkt anfreundete.

Anfang Mai 1945 traf Waffen-SS in unserem Dorf ein.

Diese Truppe war mit Fahrzeugen und Geschützen auf dem Rückzug vor dem näherrückenden Feind.

Hierüber waren alle Dorfbewohner beängstigt, weil man erfahren hatte, daß die Amerikaner solche Unterkünfte, in denen Angehörige der Waffen-SS waren, gnadenlos in Grund und Boden schießen würden.

Die Waffen-SS-Leute ließen sich in den Häusern der Dorfbewohner nieder.

Bei unserer Bauersfamilie war auch ein Waffen-SS-Offizier untergebracht.

Er war bereits kriegsverletzt und hatte nur noch einen Arm und Lungenflügel.

Im kleinen Wohnzimmer des Hauses kam meine Mutter mit ihm ins Gespräch.

Er meinte, daß der Führer noch solche Kerle wie mich bräuchte.

Diese Burschen würden in einer Kaderschule zu guten und tapferen Soldaten ausgebildet.

Hierauf erwiderte meine Mutter, daß die Amerikaner doch schon am Thüringer Wald ständen und der Krieg wohl bald zu Ende sei.

Er sagte dann erbost, der Führer habe noch eine Geheimwaffe, durch deren Einsetzung eine Wende im Krieg herbeigeführt würde.

Alle, die den Amerikanern bereits die weiße Flagge gezeigt hätten, würden rücksichtslos erschossen.

Ich weiß bis heute nicht, warum meiner Mutter bei diesen mutigen Aussagen nichts passiert ist.

Es wurde nunmehr auch die Schule geschlossen.

Alle Hitler-Bilder wurden aus den Klassenzimmern entfernt.

Eine Schülerin kam nach Hause und erzählte im Beisein eines dort wohnenden Waffen-SS-Offiziers, der Schullehrer, Herr Ecker, habe gesagt, daß der Krieg bald zu Ende sei und vorab auch der Schulunterricht entfallen würde.

Die Bilder des Führers habe der Lehrer von der Wand abgehängt.

Der vorerwähnte Lehrer wohnte in der sieben Kilometer vom Dorf entfernten größeren Stadt Gera.

Der Waffen-SS-Mann nahm das Gespräch der Schülerin zum Anlaß, sofort die entsprechende Parteistelle in dieser Stadt hierüber zu verständigen.

Der besagte Lehrer wurde ein paar Tage vor Kriegsende zum Tode verurteilt und sofort hingerichtet.

Seiner Ehefrau wurde mitgeteilt, sie könne den Leichnam ihres Mannes abholen lassen.

Einen Tag, bevor die amerikanischen Truppen heranrückten, war über Nacht die gesamte Waffen-SS aus dem Dorf verschwunden.

Kriegsende und die Monate danach

Nun rückten die amerikanischen Kampftruppen ein.

Im Dorf bekamen wir hiervon wenig zu spüren.

Über die ca. drei Kilometer vom Dorf entfernte Autobahn fuhren tagelang Panzer, Lastkraftwagen mit Geschützen und Jeeps.

Unser Bauer hatte auch an der Autobahn Feld.

Wir winkten den Amerikanern zu und riefen: „Have you chocolates?"

Ab und zu wurden uns dann Schokolade oder sonstige Dosen mit Lebensmittelkonserven zugeworfen.

Am 8. Mai 1945 gebar meine Schwester Loni bei Kerzenlicht im Krankenhaus Ronneburg in Thüringen ihren Sohn Rolf.

Obwohl der Krieg inzwischen zu Ende war, herrschten doch überall noch verwirrende Zustände.

Viele der bisherigen Fremdarbeiter nutzen ihre wiedergewonnene Freiheit dazu aus, Geschäfte zu plündern und Bauernhöfe zu überfallen.

Der polnische Knecht auf dem Hofe nutzte dies auch aus.

Er fuhr morgens mit dem Fahrrad weg und kam abends mit reicher Beute nach Hause.

Meinen jüngeren Bruder mochte er besonders gut leiden.

Ihm brachte er einmal eine schöne neue Wollmütze mit.

Auf dem Hofe machte er auch reiche Beute.

Der Altbauer hatte einige Tage vor Kriegsende mehrere Taschenuhren versteckt und nicht bemerkt, daß dieser Vorgang von dem polnischen Knecht beobachtet wurde.

Nach Kriegsende nahm der Knecht diese Uhren aus dem Versteck und behielt sie für sich.

Im Dorf herrschte einmal großer Aufruhr, als ein Kölner Schuhhändler, der auch dort evakuiert war, einen Polen bei einem Überfall auf einen Bauernhof mit einer Gartenzaunlatte niederschlug.

Der Ex-Fremdarbeiter blieb blutend am Boden liegen.

In einem Jeep kam sofort amerikanische Militärpolizei ins Dorf, um den Mann zu suchen, der den ehemaligen Fremdarbeiter niedergeschlagen hatte.

Zu dieser Zeit ging mein Vater in der Nähe des Dorfteiches etwas spazieren.

Er hatte auch nicht mitbekommen, was vorher passiert war.

Durch seine Kriegsbeschädigung war mein Vater schwerhörig und hatte die plötzlich angefahrene Militärpolizei nicht gehört.

Die Amerikaner zerrten meinen Vater – in der Annahme, er habe den Ex-Fremdarbeiter niedergeschlagen – in ihren Jeep und fuhren mit ihm in die nahegelegene Stadt.

Durch die Schwerhörigkeit konnte sich mein Vater mit den Amerikanern, selbst auch nicht in deutsch, verständigen.

Meine Mutter bat daher den polnischen Ex-Knecht, auf dem Hofe bei den Amerikanern vorzusprechen und ihnen zu erklären, daß mein Vater unschuldig sei.

Er tat dies auch, und mein Vater war nach einigen Stunden wieder frei.

Mein Neffe Rolf wurde im Juni 1945 in der katholischen Pfarrkirche in Gera getauft.

Dies wurde zum Anlaß genommen, entsprechend zu feiern.

Loni und Täntchen hatten mit Georg eine schöne und große Wohnung bei der Bäuerin Frau Baumgärtel.

Diese war eine liebenswürdige und hilfsbereite Frau.

Mit ihrem 14jährigen Sohn Erhard war mein mein Vetter Georg befreundet.

Erhard bewirtschaftete mit einem weiteren Knecht schon ganz alleine den Hof.

Zu der genannten Tauffeier bei Kuchen und so weiter waren alle in der Wohnung im Hause Baumgärtel versammelt.

Am späten Abend endete die Feier.

Meine Eltern, Alfred und ich kehrten in unser Domizil im Hause Kaiser zurück.

Das große Holztor war bereits verschlossen.

Unser heftiges Klopfen hatte man angeblich bei der Familie Kaiser nicht gehört.

Was sollten wir nun machen? Plötzlich merkten wir, daß außen am Gesindehaus (ehemalige Wohnung von Knecht Jan) auf der ersten Etage ein Fenster offen war.

Von Frau Baumgärtel besorgten wir uns eine Leiter und stiegen nun in die Wohnung ein und konnten somit auch über den Innenhof zu unserem Zimmer gelangen.

Obwohl wir uns zu Anfang über das verschlossene Tor geärgert hatten, betrachteten wir nachher das Einsteigen über die Leiter als Gaudi.

Das Leben im Dorf normalisierte sich wieder etwas.

Es ging auch das Gerücht um, daß die Amerikaner aus Thüringen abziehen würden.

In dieses Gebiet kämen Truppen der sowjetischen Armee.

Auf der Autobahn sahen wir viele Evakuierte, die zu Fuß mit Leiterwagen und so weiter wieder nach Hause wollten.

Nach dem Motto des Karnevalsliedes von Willi Ostermann „Ich mööch ze Fooß noh Kölle gon" – ein Lied, das für viele

Kölner in der Fremde aus Liebe zu ihrer Heimat Wirklichkeit wurde, organisierten meine Eltern einen Leiterwagen, mit dem wir uns vollbeladen zu Fuß in Richtung Köln aufmachten.

Daß unser Haus in Köln-Niehl unversehrt geblieben war, konnte ich dadurch erfahren, als ich auf der Autobahn, an der unser Bauer Ackerland hatte, einen Fahrradfahrer sah, den ich als Niehler mit dem Namen Fester kannte.

Er wollte seine Eltern aus Sachsen abholen.

Er erzählte mir, daß unser Haus noch stehen würde, worüber wir alle glücklich waren.

Wir waren gerade aus dem Dorf, und plötzlich brach dieser Leiterwagen mit seiner Last völlig zusammen.

Wir mußten wieder umkehren.

Die Heimreise war uns wohl noch nicht gegönnt.

Im Juli 1945 zogen sich die Amerikaner aus Thüringen zurück, und plötzlich kamen sowjetische Kampftruppen.

Diese Soldaten waren gegenüber der deutschen Zivilbevölkerung nicht immer zimperlich gewesen.

Oft kamen sie in angetrunkenem Zustand mit Fahrzeugen an die Bauernhöfe gefahren, polterten an den verschlossenen Toren und suchten Frauen.

Vergewaltigungen an deutschen Frauen waren keine Seltenheit.

Es war auch unmöglich, eine Uhr zu tragen.

Sie wurde fast immer von den Besatzern abgenommen.

Ähnlich bei Fahrrädern.

Ich war sehr erstaunt darüber, daß beim Einzug der sowjetischen Besatzer in Thüringen viele Leute rote Fahnen herausgehängt hatten mit dem Spruch: „Wir grüßen die siegreiche Rote Armee der Sowjetunion."

An diesen verwaschenen Fahnen konnte man noch erkennen, daß es sich bei vielen dieser Fahnen um solche handelte, aus denen das frühere Emblem, das Hakenkreuzzeichen, herausgetrennt war.

Inzwischen kam auch mein Schwager Willi nach Hause.

Er war aus polnischer Gefangenschaft geflüchtet.

Infolge eines Durchschusses am linken Arm war er für eine Weile in einem polnischen Lazerett gewesen.

Als er sah, wie dort die deutschen Kriegsgefangenen wie die Fliegen wegstarben, flüchtete er.

Bei seiner Ankunft in Korbußen war er fast zum Skelett abgemagert.

Sein Kopf glich einem Totenschädel.

Im Kreiskrankenhaus Ronneburg mußte sein verletzter Arm noch einmal operiert werden.

Mein Vater ging an einem Sonntagnachmittag einmal in der Kreisstadt Ronneburg spazieren.

Plötzlich überfuhren angetrunkene sowjetische Besatzer mit einem Fahrzeug den Bürgersteig.

Hierbei wurde mein Vater angefahren und beschädigte bei dieser Kollision den Seitenspiegel des Fahrzeuges.

Die Soldaten stiegen aus und schlugen auf meinen Vater ein und traten ihn, am Boden liegend, mit Füßen.

Hinkend und mit blutenden Kopfwunden kam mein Vater nach Hause.

Die Rückkehr nach Köln

Ende September 1945 beschlossen meine Eltern, um jeden Preis, nach Köln zurückzukehren.

Nun war es soweit, daß wir unsere Reise nach Köln antraten.

Dies war gar nicht so einfach, weil die sowjetische Zonengrenze zum Westen hin völlig geschlossen war und niemand so ohne weiteres herüber konnte.

Es hatte sich aber rumgesprochen, daß die sowjetischen Besatzungssoldaten für Schnaps, Zigaretten und Goldwaren die Leute nachts „schwarz" über die Grenze ließen.

In Etappen fuhren wir mehrere Tage lang in überfüllten Zügen.

Übernachteten auf dem Boden in den Wartesälen der Bahnhöfe.

Endlich gelangten wir bis in die Nähe der Zonengrenze.

An der Zonengrenze übernachteten wir auch noch einmal mehrere Tage auf Bänken, Tischen und auf der Erde in einem ehemaligen Gasthof.

Inzwischen hatten meine Eltern einen deutschen Mittelsmann gefunden, der Kontakt mit den sowjetischen Grenzsoldaten aufgenommen hatten.

Bis zur eigentlichen Grenze waren noch zwei Wachstellen zu durchgehen, durch die wir immer nur gegen die bereits erwähnten Tauschmittel kamen.

Bei der ersten Sperre kam ein Soldat aus seinem Erdloch, und gegen Zigaretten ließ er uns und auch andere Leute weitergehen.

Bei der zweiten Sperre schien es so, daß wir nicht durchkämen.

Bei näherem Heranrücken zu dieser Sperre hörten wir schon das Gebell der scharfen Wachhunde.

Meine Mutter ließ sich hiervon nicht beeindrucken und ging auf die sowjetischen Soldaten zu.

Plötzlich ließ einer dieser Wachsoldaten die Hunde los.

Meine Mutter konnte sich nur noch mit Mühe vor diesen bissigen Hunden retten.

Wie wir durch diese zweite Sperre kamen, weiß ich heute nicht mehr.

Am Abend gelangten wir an eine Scheune, in der viele Menschen untergebracht waren.

Wir waren hier einige Tage und schliefen nachts auf Stroh.

Durch einen anderen deutschen Mittelsmann sollten wir, natürlich auch gegen Zigaretten und ähnliches, nachts sukzessive zum direkten Zonenübergang gebracht werden.

Plötzlich hieß es, der bestimmte Mann wäre da.

Mit einigen Leuten gingen wir dann zum endgültigen Grenzübergang.

Dem sowjetischen Wachposten übergaben meine Eltern ihre goldenen Trauringe sowie viele Zigaretten, die meine Mutter als Nichtraucherin durch die damalige Raucherkarte angesammelt hatte.

Dieser Wachposten, der übrigens zu uns freundlich und höflich war, wünschte uns alles Gute und ließ uns passieren.

Nun gelangten wir in das Niemandsland und wanderten gegen Westen.

Das Zonengrenzgebiet wurde laufend mit Scheinwerfern abgeleuchtet.

In unserer Gruppe hatten wir auch einen alten Mann, Herr

Fuchs aus Köln-Riehl, bei uns, der unbedingt wieder in die Richtung wollte, von der wir gekommen waren.

Von seinem Irrtum konnten wir ihn überzeugen.

Wir begaben uns in Richtung britische Zone.

Nach langem Fußweg in der Nacht erreichten wir gegen Morgen ein Dorf.

In einem Bauernhaus klopften wir an und fragten, ob wir in der britischen Besatzungszone seien.

Dies wurde bejaht.

In der Scheune konnten wir dort für einige Stunden schlafen.

Im Laufe des Vormittags wurden wir mit vielen anderen Personen in einem offenen Lastkraftwagen zu dem Durchgangslager Friedland bei Göttingen gefahren.

Dort wurden wir in den aufgestellten Wellblechbaracken erst einmal entlaust.

Anschließend wurden wir verpflegt.

Später kam die Durchsage, daß ein Zug bereitstände, der uns nach Köln bringen sollte.

Wir bestiegen dann die geschlossenen Güterwagen der Eisenbahn, in der Annahme, daß dies der Zug nach Köln sei.

Dieser Zug fuhr jedoch ohne Unterbrechung gegen Norden.

In einer ostfriesischen Stadt wurden wir ausgeladen und mit einem Pferdefuhrwerk in ein nahegelegenes Dorf gebracht.

Dort sollten wir bleiben, weil die britischen Besatzungsbehörden für Köln eine Einreisebeschränkung festgelegt hatten.

Sehr viele Wohnungen waren in Köln zerbombt.

Es waren nur noch wenige Wohnungen da, die den Krieg überstanden hatten.

Meine Eltern waren trotzdem entschlossen, nach Köln zu fahren.

Die Zugreise nach Köln dauerte über eine Woche.

In Wartesälen vieler Bahnhöfe schliefen wir wieder auf dem blanken Fußboden oder auf Tischen und Stühlen.

Allerlei Gestalten sah man in diesen Wartesälen.

An eine Szene im Wartesaal eines Bahnhofes kann ich mich auch noch erinnern.

In unserem dortigen Nachtquartier lag neben uns ein Mann, der sich laufend Läuse aus den Haaren zog.

Meine Mutter zog meinen Bruder und mich schnellstens zur Seite, damit auch nicht wir von diesem Ungeziefer befallen wurden.

Nach langer Odyssee Ankunft in Köln

Nach langer Fahrt und nach mehrfachem Umsteigen kamen wir endlich auf dem rechtsrheinischen Bahnhof Köln-Deutz an.

Der Kölner Hauptbahnhof war durch die Bombenangriffe so stark zerstört, daß er noch nicht in Nutzung genommen werden konnte.

Über eine noch von den Amerikanern geschlagene Holzbrücke gingen wir über den Rhein.

Vor uns sahen wir die total zerstörte Stadt.

Nur der Kölner Dom ragte aus diesem Trümmerfeld noch heraus.

Mit der Straßenbahn erreichten wir unseren Heimatort.

Das Haus war fast unbeschädigt.

Die Wohnung hatte mein Großvater Georg Bach, der die letzten Kriegsjahre zum besseren Schutz vor Bombenangriffen in seiner ehemaligen Heimatstadt Boppard am Rhein bei Verwandten verbracht hatte und danach sofort wieder nach Köln gefahren war, mit seinem Sohn Christoph freigehalten.

Onkel Christoph war als Soldat auf einem Luftwaffen-Stützpunkt in Frankreich (Normandie) stationiert und war dort als angeblicher Koch beschäftigt.

Weil er schon vor Kriegsende Kontakt mit französischen Zivilisten hatte, bekam er nach Kriegsende von diesen Zivilkleidung und konnte aufgrund von französischen Sprachkenntnissen ungehindert nach Köln gelangen.

Als wir gerade ein paar Tage zu Hause waren, erschienen plötzlich einige Herren bei uns und gaben meinen Eltern zu verstehen, daß sie als „Ortsausschuß" für die Vergabe von Wohnungen zuständig seien.

Sie gaben ferner an, daß mein Vater Mitglied der NSDAP gewesen wäre, und sie müßten nun prüfen, ob wir in der Wohnung bleiben könnten.

Meine Mutter erwiderte diesen Herren gegenüber sehr energisch, daß weder sie noch mein Vater Mitglied der NSDAP gewesen wären.

Sie fragte diese Herren auch, woher sie dieses Ammen-Märchen erfahren hätten und wie sie dies beweisen könnten.

Unsere Wohnung mußte erst einmal wieder geordnet werden.

Viele Hausratgegenstände fehlten.

Nach Angaben von Nachbarn, die nicht evakuiert waren, hatte in unserem Garten ein amerikanischer Panzer gestanden, und die Soldaten sollen in unserer Wohnung ein und aus gegangen sein.

Sie hatten unser schönes Radiogerät, die Steppdecken und noch viele andere schöne Sachen mitgenommen.

Mit unseren guten Steppdecken sollen sie auf ihrem Panzer gelegen haben.

Inzwischen kam auch Täntchen mit meinem Vetter Georg sowie mit Tante Lieschen nach Köln zurück.

Onkel Peter war bei dem Durcheinander an der Zonengrenze abhanden gekommen.

Georg, damals 14 Jahre alt, erzählte uns, daß er vor dem Grenzübertritt hat zusehen müssen, als ein sowjetischer Soldat eine junge Frau, 16 Jahre alt, vor den Augen ihrer Mutter vergewaltigte.

Die Mutter soll hierbei unter Schreikrämpfen bewußtlos zusammengebrochen sein.

Tante Lieschen war stark sehbehindert.

Nach Aussagen von Täntchen hatte sie für die Rückkehr nach Köln ihr bestes Kleidungsstück, das war ein Pelzmantel, angezogen.

In diesem November-Monat hatte es viel geregnet.

Die Wege zur Grenze waren voller Schlamm.

Auf einem Waldweg hatte sich ein großer Tümpel mit Regenwasser angesammelt, und Tante Lieschen hatte wohl nicht bemerkt, daß sie auf einmal bis zu den Knien in dem Wassertümpel stand.

Mit zerissenen Strümpfen und kaputten Schuhsohlen soll sie aus dem Tümpel herausgegangen sein.

Täntchen erzählte uns, obwohl dies nicht gerade lustig war, sie hätte beim Anblick von Tante Lieschen lachen müssen.

Vielleicht typisch für uns Rheinländer? Anfang Dezember 1945 fuhr meine Mutter nochmals nach Thüringen und half Loni, Willi und dem Baby Rolf bei der Rückkreise nach Köln.

In unserem Hause konnten die Vorgenannten glücklicherweise eine Zwei-Zimmer-Wohnung bekommen.

Unsere Wohnverhältnisse waren sehr bescheiden.

In der Wohnung von ca. 70 Quadratmetern hatte mein Großvater ein Zimmer, und für eine Weile hatten wir noch die Mutter von Onkel Willi, die völlig ohne Wohnraum dastand, im Wohnzimmer untergebracht.

Mein Bruder, damals sieben Jahre alt, schlief zusammen mit meiner Mutter in einem Bett.

Ich selbst auf einem Sofa im Elternschlafzimmer.

Anfang Oktober 1945 hatte in Köln wieder der Schulbetrieb begonnen.

Wir hatten uns auch wieder gut eingelebt.

Als ich in den ersten Tagen unserer Ankunft in Niehl in dem dortigen Milchgeschäft mit einem Tonkrug die fettarme Magermilch – sie schimmerte immer etwas bläulich – holte, traf ich meinen Freund Gunter Krutwig.

Er fragte mich, ob ich wieder zu den Ministranten kommen wollte.

Ich sollte mich bei dem neuen Kaplan Rump, der für die Meßdiener zuständig sei, melden, was ich auch umgehend tat.

Weil die Pfarrkirche in den letzten Kriegstagen durch deutsche Artillerie von der anderen Rheinseite beschossen und teilweise zerstört war, fand der Gottesdienst in der unzerstörten alten kleinen Kirche, genannt „Niehler Dömchen", statt.

Eine Viertelstunde vor Gottesdienstbeginn mußten wir Ministranten mittels eines langen Seils eigenhändig die Glocke läuten.

Im Winter war dies in dem Glockenturm eine eiskalte Sache.

In der Christmette zu Weihnachten 1945, die um fünf Uhr morgens in der alten und kleinen Kirche abgehalten wurde, mußte ich ministrieren.

Wir Meßdiener waren mit drei Priestern (Pastor Sauer, Kaplan Fricke und Kaplan Rump) am Altar.

Diese Kirche war mehr als überfüllt.

Wegen der Länge des Gottesdienstes – es wurden drei Messen hintereinander gelesen – war es wegen des Sauerstoffmangels und Überfüllung des Gotteshauses manchem Besucher übel.

Inzwischen schloß ich mich auch einer Gruppe der Katholischen Jugend in unserer Pfarrei an.

Felix war mein erster Gruppenleiter.

Er verstand es ausgezeichnet, die Gruppenstunden interessant zu gestalten.

Das Leben der Pfarrjugend spielte sich in einer alten Wehrmachts-Holzbaracke ab, die neben der großen Pfarrkirche aufgestellt war.

Die Pfarrei hatte diese Baracke vorher erworben.

Sie bestand aus zwei kleinen Gruppenräumen und einem größeren allgemeinen Raum.

In diesem Raum der Baracke war auch eine Tischtennisplatte aufgestellt.

Wenn man Glück hatte, konnte man nach langem Warten auch einmal spielen.

Ein guter Tischtennis-Spieler war unser neuer Kaplan Rump.

Im Februar 1946 feierten wir bei unserem Gruppenführer Felix Hermanns seinen Namenstag.

Jeder sollte hierfür etwas Gebäck mitbringen.

Alle konnten hier einen größeren Kuchen oder ähnliches beibringen.

Lediglich Martin Eppenich (heute katholischer Priester) kam mit einem kleinen Pfannkuchen.

Er hatte bescheidene, einfache Eltern, die nicht in der Lage waren, entsprechend dem damaligen Sprachgebrauch, in bezug auf Beschaffung von Lebensmitteln etwas zu „organisieren".

Mit unserer Gruppe machten wir im Sommer 1946 eine Fahrt nach Altenberg.

In einem dortigen Waldgelände übernachteten wir in ehemaligen Wehrmachtszelten (zusammengeknüpften Dreieckplanen).

Zu unserer Gruppe gehörten die Bauernsöhne Willi Häkes und Hermann Blömer.

Zum Kochen hatten sie von ihren Eltern einige Naturalien mitbekommen.

Felix bestimmte, daß ich das Kochen übernehmen sollte, was ich auch tat.

Allen hat es gut geschmeckt.

Zu Weihnachten 1946 besuchte ich meinen Freund Heinz Klein.

Weil sein Vater gute geschäftliche Beziehungen hatte und so manches organisieren konnte, bekam er mit seinem jüngeren Bruder als Weihnachtsgeschenk eine elektrische Märklin-Eisenbahn.

Über dieses schöne Geschenk staunte ich sehr, da ich als Weihnachtsgeschenk lediglich einen Pullover bekam, den mir meine Mutter aus noch vorhandener alter Wolle gestrickt hatte.

Heinz bekam zudem noch ein Paar neue Fußballschuhe.

Diese Schuhe zog Heinz auch zum Ministrieren der Weihnachtsandacht in der Kirche an.

Selbst Kaplan Rump staunte über seine Schuhe, da es doch bis dahin ein Novum war, in Fußballschuhen am Altar zu stehen.

Die schlechte Versorgungslage in Köln

Die Versorgungslage war sehr schlecht.

Viele Leute hatten Hunger.

In den strengen Wintermonaten gab es auch kein Brennmaterial.

Gegenüber unserem Haus, war ein ca. 200 Meter langes kahles Feld des Niehler Bauern Dresen, das bis zu den Gleisen der Köln-Frechen-Benzelrather Eisenbahn führte.

Der Bauer erntete sonst auf diesem Feld Rhabarber.

Auf diesen Gleisen der Bahn standen oft Güterwagen, die Briketts aus dem rheinischen Braunkohlenrevier beförderten.

Diese Brikettfuhren waren leider nicht alle für die damals frierende deutsche Bevölkerung bestimmt, sie gingen vielmehr als Reparationsleistungen überwiegend nach Frankreich.

Der Kölner Erzbischof Kardinal Dr. Joseph Frings hatte am 31.12.1946 (Silvester-Andacht) während einer Predigt in der St.-Engelbert-Kirche in Köln-Riehl in Verbindung mit dem fünften Gebot („Du sollst nicht stehlen") wegen der Strenge des anhaltenden Winters gesagt: „Wir leben in Zeiten, da auch der einzelne das wird nehmen dürfen, was er zur Erhaltung seiner Gesundheit notwendig hat, wenn er es auf andere Weise, durch seine Arbeit oder Bitten, nicht erlangen kann."

Wie viele andere Nachbarn nahm auch meine Mutter einen Rodelschlitten mit einigen Säcken und ging über das besagte Feld zu der 800 Meter entfernten Eisenbahnlinie, wo die mit Briketts vollgeladenen Güterzüge standen.

Hier wimmelte es von Menschen, es war fast wie ein Ameisenhaufen.

Alle waren damit beschäftigt, ihre Säcke mit Briketts zu füllen.

Nach kurzer Zeit waren die Eisenbahnwaggons fast leer.

Ab und zu erschien schon einmal ein offener Lastkraftwagen mit dem Überfallkommando der Polizei.

Als die Polizisten ausschwärmten, waren bereits alle Leute verschwunden, einige Leute versteckten sich auch in den Gewächshäusern der Gärtnerei Kemper.

Auch die Lebensmittel waren sehr knapp.

Auf die ausgegebenen Lebensmittelkarten gab es nur kleine Rationen.

Bei der Ausgabe von Brot und Lebensmitteln mußten die Leute oft vor den Geschäften lange Zeit Schlange stehen.

Es kam auch vor, daß, wenn jemand an der Reihe war, keine Waren mehr vorhanden waren.

Auch ich mußte meine Mutter bei diesem Schlangestehen öfters ablösen.

In den Brotgeschäften gab es fast nur Maisbrot.

Ein Brot, das beim Aufschneiden teilweise auseinanderbröckelte.

Wir hatten alle sehr großen Hunger.

In der Schule gab es nun für uns täglich eine Schulspeise.

In großen Eßkübeln wurden Erbswurstsuppe (oft sehr dünn, wie Spülwasser) und Biskuitsuppe, die dickflüssig war und gut schmeckte, angeliefert.

Jeder bekam zwei Schöpflöffel voll zu essen.

In alten Wehrmachtskochgeschirren, Aluminiumkannen und sonstigen Gefäßen wurde die Suppe in Empfang genommen.

Manchmal gab es auch eine kleine Tafel englische Schokolade sowie Kekse, Datteln und Feigen.

Die Datteln kamen in großen, zusammengeklebten Klumpen in der Schule an und mußten für die Verteilung erst einmal mit dem Beil in kleinere Stücke zerteilt werden.

Mit meinem Schulfreund Hans-Josef Sterzenbach, sein Vater besaß eine Bäckerei, hatte ich vereinbart, daß – wenn er mir seine Schulspeisung abgeben würde – ich ihm nachmittags bei uns zu Hause bei den Schulaufgaben helfen werde.

Er war damit einverstanden, und ich hatte eine doppelte Portion Schulspeisung.

Einige gute Schüler – ich bitte um Entschuldigung, wenn ich mich hier auch selbst nennen darf – wurden von dem damaligen Schulleiter Ferdinand Solbach beauftragt, in den einzelnen Klassen der Schule das Essen auszugeben.

Mit einigen anderen, wohl auch fleißigen Klassenkameraden durfte ich auch öfters nach der großen Pause in das Konferenzzimmer, um die Abrechnung der Schulspeisung vorzunehmen.

Wir mußten wegen der Endabrechnung bis Schulende warten.

Gar nicht so schlecht, weil meistens noch etwas Suppe in den Eßkübeln war und wir unsere Kochgeschirre noch einmal auffüllen konnten.

Meine Mutter konnte kleine Hühner-Küken besorgen.

Weil sie noch so klein waren, wurden sie in der Nähe unseres Küchenofens in einem Behälter erwärmt.

Sie wurden zu Hühnern herangezüchtet, und wir hatten danach immer frische Eier.

Im Garten waren auch einige Ställe mit Kaninchen.

Für diese mußte ich öfters Futter, wie Gras, Löwenzahn uund so weiter, besorgen.

In Köln blühte zu dieser Zeit überall der „schwarze Markt".

Mein Onkel Christoph war in diesem Metier voll beschäftigt.

Weil die amerikanischen Kampftruppen unser schönes Radiogerät mitgenommen hatten, waren wir ohne Rundfunkempfang.

Wir besaßen jedoch noch unseren Fotoapparat, Marke Agfa-Billy.

Dieser wurde im Tauschverfahren auf dem „schwarzen Markt" gegen ein gebrauchtes Radiogerät (Volksempfänger) abgegeben, und so konnten wir wieder Radio hören.

Übrigens waren im Schwarzhandel unter anderem Zigaretten – amerikanische (Ami) zu 5 RM je Stück, belgische (Bosco) zu 3 RM je Stück – erhältlich.

Ein Sack Kartoffeln war dort für 600 RM zu bekommen.

Mein Vater hatte einen Wochenlohn von 30 RM.

In unserer Schulklasse gab es eines Tages wieder einmal große Aufregung.

Es war folgendes geschehen: Ein Klassenkamerad, Albert Rick (13 Jahre alt), war auf der Titelseite der „Neuen Illustrierten" abgebildet, als er sich in der Kölner Innenstadt (Eigelstein) beim Schwarzhandel mit dem Verkauf von belgischen und amerikanischen Zigaretten beschäftigte.

Viele Leute gingen in der ländlichen Umgebung von Köln hamstern.

Um Kartoffeln, Speck und so weiter zu bekommen, tauschten sie bei den Bauern oft gute Sachen aus dem Hausrat, wie Teppiche, Silberbestecke et cetera, gegen die vorerwähnten Nahrungsmittel ein.

In der britischen Zone waren die Rationen für Zucker und Seife etwas großzügiger als in der französischen Besatzungszone.

So fuhr auch meine Mutter öfters in die Gegend von Mayen (französische Zone).

Bei den dortigen Bauern tauschte sie Zucker und Seife gegen Kartoffeln ein.

Die Rückfahrt ging über Koblenz.

Da dieses Hamstern und die Tauschgeschäfte von der Besatzungsbehörde nicht gestattet waren, mußte meine Mutter oft erleben, daß französische Besatzer auf dem Koblenzer Bahnhof oder bei Kontrollen in den Zügen mit ihren Bajonetten die beladenen Rucksäcke aufschlitzten oder die Kartoffelsäcke einfach abnahmen.

Meine Mutter war immer froh, wenn sie ohne Kontrolle wieder die britische Besatzungszone erreichte.

Da es in unserem Ort damals noch einige Bauern gab, die in der Umgebung Getreidefelder besaßen, mußten wir als Kinder nach Aberntung dieser Felder die zurückgebliebenen Ähren aufklauben, deren Körner gegen Tausch von Brot beim Bäcker abgegeben wurden.

Die Schulleitung hatte ab dem 1.10.1945 der Lehrer Ferdinand Solbach übernommen.

Wegen seiner Zugehörigkeit zur NSDAP wurde der bisherige Rektor der Schule, Herr Prost, suspendiert.

Es hat lange gedauert, bis er wieder in den Schuldienst übernommen wurde.

In der Niehler Schule war seine Lehrtätigkeit beendet.

In den Winterjahren 1946/47 und 1947/48 hatten wir wegen fehlenden Heizmaterials oft nur wenige Stunden Schulunterricht.

Wir bekamen unsere Hausaufgaben genannt, nahmen die Schulspeise in Empfang und gingen nach Hause.

Als Schuhmachermeister ärgerte sich mein Großvater darüber, daß ich keine richtigen festen Schuhe mehr hatte.

Er konnte sich bei guten Bekannten Leder besorgen und fertigte mir neue hohe Maßschuhe an.

Als ich am anderen Tag mit diesen Schuhen in die Schule kam, fragte mich mein Lehrer, Herr Dr. Julius Scheweling, woher ich die neuen Schuhe hätte.

Ich erwiderte voller Stolz, daß mein Großvater diese angefertigt habe.

Auch meine anderen Mitschüler bestaunten die neuen Schuhe.

Es waren hohe Winterschuhe.

Die Ledersohlen waren mit dicken Tretnägeln beschlagen.

Übrigens war Herr Dr. Scheweling bis Kriegsende als Studienrat an einem Kölner Gymnasium tätig.

Wegen seiner Mitgliedschaft zur NSDAP kam er im Oktober 1945 als einfacher Volksschullehrer nach Niehl.

Im Jahre 1948 wurde er in Köln Stadtschulrat und später Professor an der Pädagogischen Hochschule Köln.

Ende 1946 übernahm der Schulleiter, Herr Ferdinand Sollbach – er hatte bei den Niehlern den Spitznamen „Papa Höhn" – unsere Klasse.

Er hatte uns als sogenannte Chaotenklasse übernommen.

Der vorherige Lehrer, Herr Blanke, ein ruhiger und gewissenhafter Mann, war leider nicht in der Lage gewesen, einige Chaoten in unserer Klasse, inbesondere die Mitschüler Peter Bielstein, genannt „Tebbes", Sturm (sein Spitzname: „Sturmse-Lala") und noch einige andere in ihre Schranken zu weisen.

Der vorerwähnte Lehrer wurde im Winter, als er an der Tafel stand, oft mit Schneebällen beworfen.

Peter Bielstein, er kam aus einer kinderreichen Familie, machte zu Erheiterung der Klasse oft seine Spielchen mit ihm.

Während des Schulunterrichts bei Herrn Solbach meldete sich auch einmal der nicht gerade von Fleiß besessene Lambert Körfer, auch er kam aus einer kinderreichen Familie, zu Wort.

Unser Klassenlehrer, der Schulleiter Solbach, war sehr darüber erfreut, daß sich Lambert auch einmal aktiv am Schulunterricht beteiligte.

Beim Aufzeigen mit dem Finger fragte Herr Solbach, was er nun für eine Antwort zu dem besprochenen Unterrichtsstoff hätte.

Lambert erwiderte, daß er einmal wissen wollte, wann die Suppe (Schulspeisung) endlich ausgegeben würde.

Auf diese Antwort war der Lehrer nicht gefaßt.

Die ganze Klasse lachte über das, was Lambert gesagt hatte.

Herr Solbach wurde hierüber wütend und versetzte Lambert Ohrfeigen mit den Worten: „Ich gebe dir jetzt Suppe."

Weihnachten 1947 werde ich auch nicht so schnell vergessen.

Meine Eltern hatten in der Küche den Christbaum festlich geschmückt.

Die Eltern und andere Verwandte feierten den Heiligabend.

Es wurde auch reichlich selbstgebrannter Schnaps verzehrt, genannt „Knolli Brandy", weil er aus Zuckerrüben (im kölnischen Dialekt Knollen) hergestellt wurde.

Onkel Christoph landete bei diesem Zechgelage nach reichlichem Alkoholgenuß im Weihnachtsbaum und beschädigte hierbei eine Anzahl von schönen Christbaumkugeln.

Als ich am Weihnachtsmorgen in die Küche kam, sah ich die vielen beschädigten Kugeln.

Bei diesem Anblick standen mir die Tränen in den Augen.

In unserer Küche wurde auch einmal Schnaps aus Zuckerrüben gebrannt.

Die Anlage für die Herstellung dieses alkoholischen Getränks hatte ein Verwandter zusammengebastelt.

Der fertige Branntwein tropfte nach und nach in ein hierfür aufgestelltes Gefäß.

Die Destillation ging gut voran.

Plötzlich gab es eine Explosion, und unsere Küche war total verrußt.

Die Fensterscheiben waren ebenfalls beschädigt.

In der Küche sah es so aus, als ob hier eine Brandbombe eingeschlagen wäre.

Mit aufgeklaubten Zuckerrüben (Restbestände der Felder) kochte meine Mutter Rübenkraut (Sirup).

Dieser Sirup wurde nunmehr zu unserem ständigen Brotaufstrich.

Wegen seiner körperlichen schwachen Verfassung bekam mein Bruder vom Hausarzt, Herrn Dr. Cohenselb, Lebertran verschrieben.

Mit diesem Lebertran schmierte meine Mutter auch die Bratpfanne ein und backte herrliche Kartoffel-Reibekuchen.

Freizeitbeschäftigung und Schule

Der Kölner Domchor suchte Jungen, die noch nicht im Stimmbruch waren, für die Besetzung in Sopran und Alt.

Mein Freund Heinz Klein und ich gingen zur Aufnahmeprüfung, die in einem nicht zerstörten Raum im Turm der Kölner Andreas-Kirche stattfand.

Durch den Kaplan Wendel (später Domkapellmeister Prof. Wendel) erfolgte der musikalische Test.

Nachdem wir bei dem Vorgenannten vorgesungen hatten, wurden wir als Knaben-Sopran in den Kölner Domchor aufgenommen.

Ich nahm an einigen Unterrichtsstunden (Notenlehre) und Proben teil, kam jedoch bald in den Stimmbruch, so daß ich vorab aus diesem Chor ausscheiden mußte.

In unserer Straße spielten wir oft Fußball, und zwar mit einem alten Tennisball.

Weil damals auf der Straße noch kein Verkehr herrschte – Autos waren kaum vorhanden –, war dies auch ohne weiteres möglich.

Beim Fußballspielen gab es immer ein lautes Getöse.

Einige Wohnungsinhaber hatten Angst, daß hierbei ihre Fensterscheiben beschädigt würden.

In unserer Straße wohnte auch Fräulein Röttges.

Sie war Lehrerin in unserer Volksschule.

Waren wir beim Fußballspielen, so ging plötzlich ein Fenster auf, und die vorgenannte Lehrerin brüllte uns an und rief, daß sie bei unserem Getöse nicht arbeiten könne.

Hin und wieder erschien auch einmal der gemeinsame Freund von Heinz und mir, Franz-Peter Richrath.

Er hatte einen richtigen großen Fußball aus Kunstleder bei sich.

Mit diesem schönen Ball konnten wir uns dann im Winter auf dem schneebedeckten „Rhabarberfeld" in unserer Straße richtig austoben.

Natürlich zankten wir uns Jungens auch schon einmal auf der Straße.

Dieser Streit wurde meistens mit Prügel und mit dem gegenseitigen Bewerfen mit Kieselsteinen oder ähnlichem ausgetragen.

Bei einer solchen Situation hatte ich einmal meinen Kontrahenten beim Weglaufen mit Steinen beworfen.

Ein Stein verfehlte hierbei jedoch seine Richtung und landete in der Fensterscheibe einer Parterre-Wohnung.

In der Annahme, daß mich keiner gesehen hatte, lief ich schnell nach Hause.

Plötzlich klingelte es bei uns.

Es erschien der Hausbesitzer, der meine Untat doch gesehen hatte, und verlangte Schadenersatz.

Mein Freund Heinz hatte ein Schaf.

Dieses Schaf mußte täglich an einer Feldscheune eines Niehler Bauern gehütet werden.

Viele Freunde und ich gingen mit Heinz zum Hüten des Schafes und machten auf der Weide unsere Spiele.

Auf dem Nachhauseweg kamen wir an dem Gasthof „Schützenhof" vorbei.

Heinz band sein Schaf an ein Torgitter des Hauses.

Wir gingen öfters in diese Gaststätte, in der uns der Inhaber, Herr Johann Büll, Limonade einschenkte.

Es war mehr oder minder normales Wasser, das mit einem süßen roten oder grünen Farbstoff vermischt war.

Damals konnte man auch noch ohne weiteres Wasser aus der Leitung trinken.

Einmal hatten wir in der genannten Gaststätte etwas zuviel von der sogenannten Limonade getrunken.

Es wurde uns danach sehr übel.

Ende Mai 1947 war ich mit einigen Freunden in einem zweiwöchigen Zeltlager der Stadt Köln.

Vor Reiseantritt wurden wir noch von einer Amtsstelle der Stadt Köln ärztlich untersucht.

Das Lager war an der Lingeser Talsperre bei Marienheide im Oberbergischen Land.

Wir waren in schönen Zelten aus Beständen der US-Army untergebracht.

Die Verpflegung war auch sehr gut und kam auch von der US-Army.

Mit vorhandenen Boxhandschuhen sollten wir auch unsere Kräfte messen.

Bei mir im Zelt schlief auch ein Junge aus der bekannten Kölner Boxer- und Künstlerfamilie Fluß, die in Köln in „Unter Krahnenbäumen (UKB)" beheimatet war.

Er war auch schon in einem Box-Klub.

Der Vorerwähnte zeigte uns nun, wie man als 14jähriger gut und technisch boxen kann.

Das tägliche Schwimmen in der Lingeser Talsperre machte uns viel Freude.

In der Jugendgruppe von Hans Müller war ich als Helfer tätig.

In den Gruppenstunden, die überwiegend in Räumen der Kaplanei stattfanden, ging es immer wild zu.

Insbesondere, wenn wir eine Gerichtsverhandlung spielten und das Gruppenmitglied Karl-Heinz Schütz verurteilt wurde.

Eines Tages bekamen wir in der Schule die traurige Nachricht mitgeteilt, daß unser Mitschüler Mathias Kost plötzlich im Alter von 13 Jahren verstorben sei.

Auch er war Meßdiener, und ich habe oft mit ihm ministriert.

An einen Vorfall in der Volksschule erinnere ich mich noch gut.

Nach Schulende hatte unser Schulrektor zwei Jungen unserer Klasse damit beauftragt, einen großen Blechkasten mit Keksen, die zur Schulspeisung gehörten und am nächsten Tag ausgegeben werden sollten, in seine Wohnung gegenüber zu tragen.

Als die beiden auf dem Weg zur Schulleiter-Wohnung waren, wurden sie von einem großen Teil der Schüler überfallen, und von den Keksen war nichts mehr da.

Darüber gab es am nächsten Tag in der Schulklasse Ärger.

Eines Tages fand ich einen alten Autoreifen.

Weil mein Großvater durch bedingte Krankheit nicht mehr schustern konnte, machte ich mir aus diesem Autoreifen ein Paar Sandalen.

Entsprechende Schusterwerkzeuge waren ja noch vorhanden.

Nachdem ich diese Sandalen eine Zeitlang getragen hatte, war hier ein Nagel durchgedrückt, und ich hatte plötzlich einen dikken und vereiterten Fuß.

Meine Mutter ging mit mir in das nahegelegene Krankenhaus, wo mir unter einer Narkose der Fuß aufgeschnitten wurde.

Da keine entsprechenden Krankenbetten vorhanden waren, mußte ich mit dem verbundenen Fuß und auf meine Mutter gestützt nach Hause humpeln.

Mit der Jugendgruppe meines Freundes Hans Müller hatten wir im Hause Schütz Anfang Januar 1948 einmal eine Weihnachtsfeier.

Es ging dort lustig und auch etwas rauh zu.

Die Familie Schütz hatte Verwandte in Amerika, wovon sie hin und wieder einmal ein Geschenkpaket bekamen.

Bei der genannten Feier fand auch eine Verlosung statt.

Hauptgewinn war ein „Kugelschreiber", den die Familie Schütz aus Amerika bekommen hatte.

Kugelschreiber waren zu dieser Zeit in Deutschland noch nicht so bekannt und auch nicht käuflich zu erwerben.

Die Ford-Werke in Köln-Niehl machten der Katholischen Volksschule in Niehl jedes Jahr das Angebot, daß der beste Schüler der Entlassungsklasse dort zum Industrie-Kaufmann ausgebildet werden könnte.

Herr Rektor Solbach fragte auch mich, ob ich hieran interessiert sei.

Nach Abschluß der Volksschule Ende März 1948 wollte ich jedoch die Städtische Handelsschule in Köln besuchen.

Vorher mußte ich mich dort einer Aufnahmeprüfung unterziehen.

An einem Tag im Januar 1948 stand ich mit zwei Klassenkameraden an der Straßenbahn-Haltestelle in unserem Ort.

Wir wollten zur Aufnahmeprüfung in der besagten Schule fahren.

Diese Schule war in der Innenstadt, Luftlinie zehn Kilometer von unserem Ort entfernt.

Plötzlich war wieder einmal Stromausfall, und wir konnten die elektrische Straßenbahn nicht benutzen und mußten zu unserem Ziel zu Fuß gehen.

In der genannten Schule saßen wir in voller Bekleidung und Mütze in einem ungeheizten Raum und machten unsere Prüfungsaufgaben.

Weil Mangel an Schulräumen herrschte, sollten 50 Prozent der Prüflinge durchfallen.

Meine Kameraden und ich hatten die Aufnahmeprüfung bestanden, worüber sich unser Volksschulleiter freute.

Ende März 1948 wurde ich mit einem sehr guten Abschlußzeugnis aus der Volksschule entlassen.

Ab dem 1.4.1948 ging auch Herr Ferdinand Solbach, der inzwischen Rektor geworden war, wegen Erreichung der Altersgrenze von 65 Jahren in Rente.

Mit Wirkung ab dem 1. April 1948 war ich Schüler der Städtischen Handelsschule Köln.

Das Hauptgebäude dieser Schule, Linden-/Lützowstraße, war noch sehr zerstört.

Der Unterricht fand von mittags bis nachmittags in dem Gebäude einer Volksschule in der Baadenberger Straße des Kölner Vorortes Ehrenfeld statt.

Die Volksschüler aus Köln-Ehrenfeld hatten in diesem Gebäude bereits vormittags Unterricht.

Die Fahrt zu dieser Schule war immer beschwerlich.

Die Straßenbahnen waren stets überfüllt.

Oft mußten wir auf den Trittbrettern der Straßenbahn fahren.

Unser Religionslehrer war Kaplan Ketzer von der Pfarrgemeinde St. Peter in Köln-Ehrenfeld.

Er war später Dompropst am Hohen Dom zu Köln und Träger des bekannten Aachener Karnevalsordens „Wider den tierischen Ernst".

Von ihm stammte auch der Ausspruch, daß er der erste „Ketzer" im Kölner Dom wäre.

Unser Klassensprecher war Johannes Luthe – sein ältester Bruder Dr. Hubert Luthe ist heute Diözesanbischof von Essen.

Johannes war immer sehr lustig, liebenswürdig und hilfsbereit.

In dem Schulfach Literatur hatten wir einmal in Vertretung für einen verhinderten Lehrer eine ältere Lehrerin, Fräulein Dammers. Johannes erheiterte die Klasse, indem er diese Lehrerin immer mit Fräulein „Damm-Maus" ansprach.

Worauf diese erwiderte, daß sie mit einer Maus nichts zu tun hätte.

Johannes Luthe wohnte in Köln-Mauenheim.

Mit meinen Niehler Klassenkameraden Hubert Engels und Willi Fußwinkel sowie mit Johannes Luthe radelte ich nach Schulende nach Hause.

In der Nähe der Schule war der Blücherpark mit einem Kahnweiher.

Nach Schulschluß gingen wir oft unserem Vergnügen im Blücherpark nach.

Mein Bruder Alfred war oft mit seinem Freund Barthel Bielstein und Anhang unterwegs.

Sie streiften durch die vielen Felder rings um Niehl.

Als er abends nach Hause kam, sah er immer wie ein Vagabund aus.

Eines Tages kam er vom Spielen nach Hause und hatte eine erhebliche Knieverletzung.

Er mußte zur weiteren ärztlichen Behandlung in das Krankenhaus eingeliefert werden.

An Christi Himmelfahrt ging mein Bruder Alfred zur Erst-Kommunion.

Seinen Kommunionsanzug hatten bereits vorher mein Vetter Georg und ich getragen.

Für Alfred wurde dieser Anzug noch einmal entsprechend hergerichtet und gewendet.

Meine Mutter konnte auch hier, wie immer, zu dem leiblichen Wohl der Feier beitragen.

Von der Pfarrei bekamen wir ein halbes Geschenkpaket aus Argentinien.

Es waren solche Pakete, welche die Ehefrau des damaligen argentinischen Staatspräsidenten Peron, Frau Evita Peron, für die notleidende Bevölkerung in Deutschland hat zusammenstellen lassen.

Der Inhalt dieses Paketes waren: Fleischkonserven, Mehl, Kaffee, Schokolade und so weiter.

Amerikanische Care-Pakete hat meine Familie nicht bekommen; auch nicht die Familien meiner Freunde.

Zu Pfingsten 1948 hatte die männliche Pfarrjugend ein Zeltlager in Heiligenhaus bei Overath.

Vor unserer Abfahrt aus Niehl kam noch Frau Schütz zu einem der Gruppenleiter, Hans Müller.

Sie übergab ihm ein kleines Päckchen und einen Brief mit folgendem Inhalt: „Lieber Hans, anbei sind zwei ‚Ami-Zigaretten'. Vermeide bitte, daß sich meine Söhne Karl-Heinz und Werner zanken. Gib auch bitte Obacht, daß Karl-Heinz nachts nicht ins Bett macht."

In einem mehr als überfüllten Zug fuhren wir dorthin.

Bei der Fahrt standen viele Leute auf den Trittbrettern der Waggons.

Ich selbst hatte einen engen Stehplatz in einem Abteil.

Plötzlich flimmerte es vor meinen Augen, und ich brach zusammen.

Eine ältere Dame wusch mir mit Kölnisch Wasser das Gesicht.

Erst danach kam ich wieder zu mir.

Das Lagerleben war sehr abwechslungsreich.

Wir machten dort viele Spiele.

An diesem Lager nahm auch noch der Gruppenführer Adolph Kastenholz teil.

Wir nannten ihn den „langen Ami".

Er hatte eine Körperlänge von 2,03 Meter.

Er wurde „Ami" genannt, weil seine deutschstämmigen Eltern bei einem Besuch bei Verwandten in Deutschland im Jahre 1939 durch den Kriegsausbruch überrascht und interniert wurden.

Zur Erhaltung der amerikanischen Staatsbürgerschaft mußte er 1948 in Amerika Soldat werden.

Als späterer hoher Offizier war er in fast allen Ländern der Erde.

Wenn er zu Besuch nach Deutschland kam, waren wir stets mit ihm zusammen und erzählten von den Erlebnissen innerhalb der Katholischen Jugend.

Am Dreifaltigkeitssonntag des Jahres 1948 war im Altenberger Dom eine große Bekenntnisfeier der Katholischen Jugend

Deutschlands mit Predigt des damaligen Generalpräses Prälat Ludwig Wolker.

Aus diesem Anlaß waren wir auch aus Niehl mit einer Vielzahl von Jugendlichen und jungen Männern nach Altenberg gepilgert.

Natürlich alles zu Fuß.

Auf einem Bauernhof in der Nähe von Altenberg machten wir Quartier und schliefen dort in der Scheune auf Stroh.

Die Niehler Bauernsöhne Kastenholz hatten Speck et cetera mitgebracht, so daß es für uns ein kräftiges Essen gab.

Der Altenberger Dom war bei der Bekenntnisfeier mehr als überfüllt.

Wegen Sauerstoffmangels in dem überfüllten Dom und weil viele nichts im Magen hatten, wurde es manchen übel, und sie wurden hinausgetragen.

Als wir wieder nach Niehl zurückkamen, erfuhren wir, daß der ehemalige Meßdienerkamerad Edi Meier beim Schwimmen im Rhein ertrunken sei.

Er war gerade erst 18 Jahre alt.

Auf der gegenüberliegenden Rheinseite war er in einen Strudel geraten, aus dem er nicht mehr herauskam.

Er soll um Hilfe gerufen haben, was seine Freunde als Scherz aufgefaßt haben sollen.

Seine Leiche wurde einige Tage später in Leverkusen angeschwemmt.

Sein älterer Bruder stand mehrere Tag am Rhein, um seinen ertrunkenen Bruder eventuell sehen zu können.

Edi Meier war auch ein guter Fußballspieler beim CfB Niehl 09.

Sein Vater war Platzwart des ehemaligen Fußballplatzes an der Halfengasse.

Ab Februar 1948 war ich als sogenannter „Butterbrots-Meßdiener" Ministrant im Sankt-Agatha-Krankenhaus in Niehl.

Die vorerwähnte Bezeichnung rührt daher, daß wir uns nach Beendigung des morgendlichen Gottesdienstes in der Küche des Krankenhauses ein belegtes Butterbrot abholen durften.

Ministrierten wir bei der sonntäglichen Andacht der Schwestern, so gab es danach für uns ein Teilchen, das in der Backstube bereitlag.

Der Geistliche im Krankenhaus war der bekannte Kirchengeschichtler und Universitäts-Professor Dr. Dr. Eduard Hegel.

Es folgte ihm später Herr Dr. Karl Junkers, der hauptberuflich in der Mittelschule für Mädchen, Köln, Niedrichstraße, als Geschichts- und Religionslehrer tätig war.

Die Währungsreform und ein neuer Zeitabschnitt

Am 21. Juni 1948 trat die neue Währungsreform in Kraft.

Anstelle der bisherigen Reichsmark war die Deutsche Mark nunmehr ein vollwertiges Zahlungsmittel.

Die Geschäfte füllten sich wieder mit Lebensmitteln und anderen Sachen.

Vieles war wieder zu kaufen.

Zu meinem Geburtstag am 14. Juli 1948 bekam ich von meinen Eltern die lang ersehnte Armbanduhr geschenkt.

Ich sollte sie eigentlich schon zu meiner Erstkommunion im Jahre 1943 bekommen.

Zu dieser Zeit war sie jedoch auf dem normalen Wege nicht mehr zu bekommen.

Im Sommer 1948 war auch das Zeltlager für die Jungen der katholischen Jugend aus der Pfarrei St. Katharina, Köln-Niehl.

In der Nähe von Morsbach/Sieg wurden unsere Zelte aufgeschlagen.

Ein Spediteur aus Niehl, Herr Heinrich Esser, hatte uns dort in einem offenen Lastkraftwagen hingefahren.

Im Lager gab es viele Aktivitäten, und abends sangen wir am Lagerfeuer unsere Lieder.

Eine Abordnung der männlichen Jugend der Katholischen Jugend von Morsbach besuchte uns auch einmal.

An der Spitze dieser Delegation war der Ortspfarrer.

Zu unseren Sportgeräten gehörten unter anderem auch ein Paar Boxhandschuhe.

Zwei unserer Jugendlichen waren in einem Boxverein.

Als einige der Morsbacher diese Boxhandschuhe sahen, wollten sie unbedingt Boxkämpfe mit uns machen.

Zwei kräftige Bauernburschen waren bereit, mit unseren Vereinsboxern zu kämpfen.

Wir bildeten einen Ring um die Kämpfer und nun ging es los.

Unsere Leute, die technisch gut boxen konnten, waren hier überlegen.

Im letzten Kampf – wir feuerten unseren Athleten kräftig an – floß dem Mann aus Morsbach viel Blut aus der Nase, und der Pfarrer bat ängstlich, den Kampf sofort abzubrechen.

Bei dem Lebensmittelhändler Reifenrath in Morsbach mußten wir täglich Lebensmittel und Backwaren holen.

Es waren auch Teilchen dabei, überwiegend Schnecken, die wir – weil wir plötzlich Hunger bekamen – etwas verkleinerten.

Wir trieben auch so unsere Späße, manche von ihnen könnte man heute wohl als etwas zu gemein betrachten.

So war es, daß wir mit Heinz Zimmermann in Morsbach ein Geschäft betraten, das Knöpfe verkaufte.

Heinz sagte der älteren Dame, die ihn bediente, er suche einen ganz bestimmten Knopf.

Über eine halbe Stunde zeigte sie ihm ein ganzes Sortiment von Knöpfen.

Nach dieser Zeit sagte Heinz zu ihr, der Knopf, den er bräuchte, sei nicht dabei.

Er wünschte ihr auch, daß sie all ihre Knöpfe, die sie ihm gezeigt hätte, bald verkauft bekäme.

Dies gehörte auch zu unseren Jugendstreichen, durch die aber niemand zu Schaden kam.

Unser neuer Pfarrer, Herr Pastor Peifer, besuchte uns auch in diesem Lager.

Mitte August 1948 war in Köln eine Festwoche anläßlich der Grundsteinlegung des Kölner Domes vor 700 Jahren.

An der Abschlußkundgebung im Müngerdorfer Stadion, wo viele Kardinäle und Bischöfe zugegen waren, nahm auch ich teil.

Im St.-Agatha-Krankenhaus wohnte zur Zeit der Festwoche ein Theologie-Professor aus Wien, der mit dem eigenen PKW nach Köln angereist war.

Er bat meinen Meßdienerkameraden und mich, ihm einiges von Köln zu zeigen.

Dies taten wir auch, soweit uns dies möglich war.

Als Gegenleistung hierfür lud er uns dann mehrmals in ein Eiscafé ein.

Zu Weihnachten 1948 hatte sich durch die vorausgegangene Währungsreform der allgemeine Lebensstandard gebessert.

Ich bekam ein Fahrrad geschenkt, ein gebrauchtes mit dicken Ballonreifen.

Darüber freute ich mich sehr.

Dieses Fahrrad benutzte ich ab sofort auch für meine täglichen Fahrten zur Handelsschule von Niehl bis Ehrenfeld.

Ende 1948 erklärten mir meine Eltern, daß sie finanziell nicht mehr in der Lage wären, mir weiterhin den Besuch der Handelsschule zu ermöglichen.

Ich sollte mich um eine kaufmännische Lehrstelle bemühen.

Das Schulgeld für diese „städtische" Schule betrug jährlich 225 DM zuzüglich Kosten für Schulbücher und sonstige Schulartikel.

Mein Vater erhielt als Alleinverdiener in der Familie damals einen Wochenlohn von 30 DM zuzüglich einer monatlichen Kriegsbeschädigten-Rente von 20 DM.

Schließlich war auch noch mein jüngerer Bruder da, der zu dieser Zeit noch die Volksschule besuchte.

Als Schwerkriegsbeschädigter hatte mein Vater bei der Schulbehörde der Stadt Köln einen Antrag gestellt, mir die Zahlung des Schulgeldes zu erlassen.

Diese Bitte wurde von der vorgenannten Behörde abschlägig beschieden.

Mein Vater wiederholte noch mal diese Bitte.

Es wurde ihm mitgeteilt, daß das zu zahlende Schulgeld allenfalls gestundet werden könnte.

Selbst die Tatsache, daß mein Vater schwerkriegsbeschädigt sei, wäre kein Grund für eine Befreiung von der Schulgeldzahlung.

Für mich eine sehr traurige Angelegenheit!

Es war für mich direkt ein Schock, daß ich lediglich aus finanziellen Gründen diese Schule verlassen mußte.

Wo war damals die Gleichbehandlung im Schulbereich? Leider konnte mein Vater damals nicht mehr verdienen.

Infolge seiner Kriegsbeschädigung aus dem Ersten Weltkrieg konnte er in seinem erlernten Beruf als Bäcker nicht mehr arbeiten.

Nächtelang konnte ich über die für meine Begriffe blühende Ungerechtigkeit nicht schlafen.

Ich sollte jedoch nach Abschluß der dreijährigen Handelsschule und Erlangung der Mittleren Reife eine Lehrstelle bei der Stadtsparkasse Köln antreten.

Ein guter Bekannter meines Vaters, der damals Filialleiter in diesem Bankinstitut war, wollte mir hierzu behilflich sein.

Was sollte ich meinen Freunden sagen, wenn ich plötzlich diese Schule verließ?

Sie hätten ja auch denken können, daß ich diese Schule wegen Nichterreichung des Lernziels verlassen müßte.

Meine Mutter versuchte mich hier zu trösten und meinte, daß sie zu meinem Verbleib auf der Handelsschule noch mehr Heimarbeit annehmen würde als bisher.

Das war Waschen und Bügeln für fremde Leute mit billiger Bezahlung.

Da meine Mutter schon damals gesundheitlich angeschlagen war – sie war die Älteste von zehn Geschwistern auf einem Bauernhof und hatte in ihrem Leben schon viel arbeiten müssen –, lehnte ich diesen Vorschlag ab.

Es stand nun fest, daß ich Ende März 1949 die Handelsschule verlassen würde.

Weil ich gute Schulzeugnisse besaß, wollte ich ab April 1949 unbedingt eine kaufmännische Lehre beginnen.

Da ich erst nachmittags Schule hatte, ging ich ab Februar 1949 fast täglich morgens zum Arbeitsamt Köln und fragte, welche Ausbildungsstellen offen waren.

Danach besuchte ich die mir genannten Firmen.

Viele Büros befanden sich noch in Kellerräumen.

Ich bekam viele abschlägige Bescheide und wurde oft gefragt, ob ich Abitur oder Mittlere Reife hätte.

Anfang März 1949 fand ich endlich bei einer großen Kölner Versicherungsgesellschaft eine entsprechende Lehrstelle.

Nach einer dortigen Prüfung wurde ich als Auszubildender angenommen.

Nach einer guten und gründlichen Ausbildungszeit endete meine Lehre am 31. März 1952.

Vorher hatte ich meine Prüfung zum Versicherungs-Kaufmann bei der Industrie- und Handelskammer zu Köln mit gutem Erfolg bestanden.

Nachwort

Das Leben besteht nicht aus vergangenen Tagen, sondern aus Tagen, an die man sich erinnert! Ab einem bestimmten Lebensalter kommt eine Zeit, in der man sich erinnert, zurückerinnert.

Es ist hier die Frage gestellt, ob das alles war, was man getan, erlebt und erfahren hat, und stellt dabei fest, daß es viel war.

Ist das Erlebte, Erfahrene weiterzugeben, aufzuschreiben und jüngeren Generationen zugänglich zu machen? Eine Generation wie die meine, die nicht immer im Gleichklang eines sicheren Lebens die Zeitläufe bestehen mußte, die Krieg, teilweise Evakuierung, Nachkriegszeit und Wiederaufbau erlebte, sollte Erfahrungen und Erlebnisse, welche auch immer, weitergeben.

Inzwischen bin ich Rentner, verheiratet, habe zwei erwachsene Töchter und ein Enkelkind.